Kunstgewerbeschule Basel, Schweiz
Grundkurse

Verlag Paul Haupt Bern

Manfred Maier

Die Grundkurse an der Kunstgewerbeschule
Basel, Schweiz

Elementare Entwurfs- und Gestaltungsprozesse

Band 1	Gegenstandszeichnen
	Modell- und Museumszeichnen
	Naturstudien

Band 2	Gedächtniszeichnen
	Technisches Zeichnen/Perspektive
	Schrift

Band 3	Materialstudien
	Textilarbeit
	Farbe 2

Band 4	Farbe 1
	Graphische Übungen
	Räumliches Gestalten

ISBN 3-258-02392-1 Band 1
ISBN 3-258-02393-X Band 2
ISBN 3-258-02394-8 Band 3
ISBN 3-258-02395-6 Band 4
ISBN 3-258-02396-4 Gesamtwerk

Alle Rechte vorbehalten
Copyright © 1977 by Paul Haupt Berne
Printed in Switzerland

Konzeption, Textbearbeitung und Gestaltung:
Manfred Maier
Photo:
Max Mathys (Räumliches Gestalten / Ruth Geshekter)
Umschläge:
Wolfgang Weingart

Satz: Schüler AG, Biel
Fotolithos: Aberegg-Steiner AG, Bern
Druck: Roto-Sadag SA, Genève
Buchbinder: Roger Veihl, Genève

Einleitung

Kurt Hauert,
Leiter der Vorkurse

Der Vorkurs der Kunstgewerbeschule Basel ist eine Basisausbildung, bestehend aus verschiedenen, sich gegenseitig ergänzenden Grundkursen, welche alle gleich wichtig sind.

Das Programm umfasst Zeichenkurse, Farbe, dreidimensionale Übungen, Umgang mit Materialien und Werkzeugen, Übungen zur Erlangung formal-ästhetischer und konzeptioneller Kenntnisse, die zu optischer und haptischer Sensibilisierung, formalem Empfinden, handwerklicher Fertigkeit und zum Verstehenlernen gestalterischer Prozesse führen sollen. Neben der Entfaltung und Förderung visuell-gestalterischer Anlagen dienen die Grundkurse auch der Abklärung von Begabung und Neigung auf eine zukünftige Berufslehre hin, wie Graphiker, Photograph, Typograph, Schaufensterdekorateur, Goldschmied, Töpfer, Maler, Bildhauer und weitere Berufe in diesem Bereich.

Die Bedingungen zur Zulassung sind das Mindestalter von 15 Jahren, das Bestehen einer Aufnahmeprüfung und die Bereitschaft, alle Kurse zu besuchen.

Die Ausbildung dauert ein Jahr und umfasst 42 Unterrichtsstunden pro Woche. Der Unterricht findet an der Schule, im Klassenverband von maximal 24 Schülern, statt. Die Lehrer, die meistens neben der Schule noch ihren angestammten Beruf ausüben, sind ausgewiesene Fachleute, die im visuell-gestalterischen Bereich tätig sind. Die Anwesenheit des Lehrers während der ganzen Unterrichtszeit erlaubt es, dass er dem einzelnen oder der Gruppe immer zur Verfügung stehen kann. Dies ist eine der Voraussetzungen, dass alle Schüler eine erfolgversprechende Schulung erhalten. Der Lehr-Lernprozess ist je nach Kurs verschieden, er kann «linear» verlaufen, vom Einfachen zum Schwierigen, oder «punktuell», indem Erfahrungen an Einzelaufgaben gesammelt werden, und schliesslich «komplex», wo die Analyse von Variationsreihen Einblicke in Gestaltungsprozesse ermöglicht.

In der vorliegenden Publikation, die den heutigen Stand der Ausbildung zeigt, wird der Versuch unternommen, Prozesse, die in einem zeitlichen Ablauf stattfinden, durchsichtig und einsehbar zu machen.

Um den Zusammenhang der Kurse untereinander zu verdeutlichen, sind sie nach den Kategorien der Lehr-Lernprozesse unterteilt. Das ganze visuell-gestalterische Programm der Grundschulung ist in vier Bänden zusammengefasst, wobei jeder Band mit einer Einleitung, den Kursbeschreibungen und einem reichhaltigen, detailliert erläuterten Bildmaterial versehen, zugleich eine in sich geschlossene Einheit bildet.

Aus den Darstellungen wird eine seit über 30 Jahren bewährte Grundhaltung ersichtlich; die objektive, auch vom Verstand her einsehbare, konsequente Schulung der Basis. Diese Haltung bewahrte die Grundschulung bis heute davor, sich jeder Modeströmung zu unterwerfen, lässt aber genügend Spielraum, um notwendige Neuerungen in das Programm zu integrieren.

Diese Publikation soll die Kontinuität auch in Zukunft gewährleisten, indem sie das Modell einer Grundschulung allen Interessierten zur kritischen Befragung vorlegt.

Als letztes sei allen, die ihre Zeit und Kraft für das Zustandekommen dieser Arbeit zur Verfügung gestellt haben, bestens gedankt.

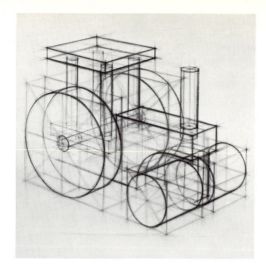

Gesamtüberblick

Band 1

Mitarbeiter:
Gegenstandszeichnen
Sommer H. P. / Stettler P.
Modell- und Museumszeichnen
Sommer H. P. / Pola P.
Naturstudien
Sommer H. P. / Stettler P.

  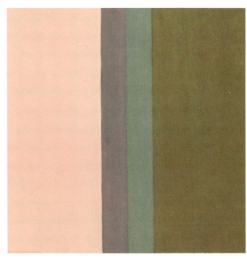
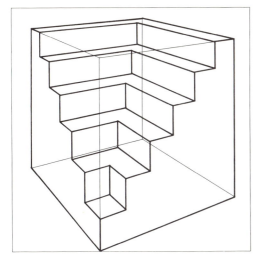 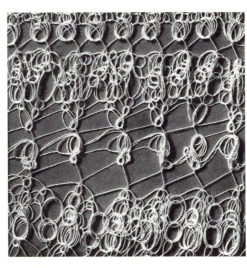 
  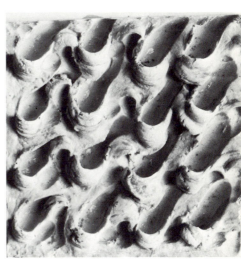

Band 2

Mitarbeiter:
Gedächtniszeichnen
His A.
Technisches Zeichnen/Perspektive
Tramèr J.
Schrift
Gürtler A.

Band 3

Mitarbeiter:
Materialstudien
Hutter J.
Textilarbeit
Hernandez-Moor L. / Kern U.
Farbe 2
Gautschi R. / Pola P.

Band 4

Mitarbeiter:
Farbe 1
Zwimpfer M.
Graphische Übungen
Maier M.
Räumliches Gestalten
Grossenbacher M.

Stundenplan
Vorkurs
Sommer-Semester 1975

			Lektionen
Graphische Übungen	Mo	0810–1145	4
Farbe 2	Mo	1345–1615	3
Farbe 1	Mo	1630–1850	3
Gegenstandszeichnen	Di	0810–1145	4
Naturstudien	Di	1345–1515	2
Schrift	Di	1630–1800	2
Gedächtniszeichnen	Mi	0810–1040	3
Textilarbeit	Mi	1055–1230	2
Räumliches Gestalten	Mi	1345–1700	4
Literatur/Sprache	Do	0810–0950	2
Turnen	Do	1005–1145	2
Information	Do	1345–1515	2
Technisches Zeichnen/Perspektive	Fr	0900–1145	3
Materialstudien	Fr	1300–1515	3
Modell- und Museumszeichnen	Sa	0900–1145	3
			42

Am Vorkurs unterrichten 26 Lehrer 130 Schüler
in 6 parallel geführten Klassen.

Direktion:

bis 1970 Emil Ruder
seit 1971 Niklaus Morgenthaler
Leiter der Vorkurse:
seit 1971 Kurt Hauert

Lehrer, die am Vorkurs unterrichten:

Beck A.	lic. rer. pol.
Biesele I.	Graphiker
Bollin M.	Bildhauer
Burla J.	Bildhauer
Bürgin G.	Dekorateur
Eya L.	Architekt
Gautschi R.	Kunstmaler
Grossenbacher M.	Bildhauer
Gürtler A.	Schrift-Designer
His A.	Kunstmaler
Hutter J.	Kunstmaler
Keller Th.	Kunstmaler
Kern R.	Kunstmaler
Kern U.	Zeichenlehrerin
Klotz L.	Kunstmaler
Maier M.	Graphiker
Mengelt Ch.	Graphiker
Mengelt M.	Graphikerin
Pola P.	Kunstmaler
Schäfer E.	Zeichenlehrer
Sommer H. P.	Graphiker
Thomann M.	Mittellehrer
Tramèr J.	Kunstmaler
Von Tomei J.	Graphiker
Zwimpfer G.	Graphikerin
Zwimpfer M.	Graphiker

Lehrer, die am Vorkurs unterrichtet haben:

Bernoulli L.	Architekt	bis 1972/73
Bühler G.	Zeichenlehrer	bis 1968/69
Ganahl K.	Korrektor	bis 1966/67
Gruber A.	Bildhauer	bis 1969/70
Hartmann H.	Zeichenlehrer	bis 1968/69
Hauert K.	Zeichenlehrer	bis 1969/70
Hernandez-Moor L.	Textilentwerfer	bis 1972/73
Keller J.	Zeichenlehrer	bis 1974/75
Lienhard E.	Bildhauer	bis 1972/73
Messerli E.	Kunstmaler	bis 1972/73
Ryser F.	Kunstmaler	bis 1973/74
Stettler G.	Kunstmaler	bis 1967/68
Stettler P.	Kunstmaler	bis 1974/75
Sulzbachner M.	Kunstmaler	bis 1968/69
Vollé R.	Architekt	bis 1968/69
Vieira M.	Bildhauerin	bis 1968/69
Weidmann H.	Kunstmaler	bis 1966/67

Band	Farbe 1
4	Graphische Übungen
	Räumliches Gestalten

Band **4**   Einführung

Durch die kommerzielle Nutzbarmachung in der freien Marktwirtschaft haben sich Technik und Medien rasant, aber einseitig entwickelt. Die handwerklichen, gestalterischen Fähigkeiten und Möglichkeiten des einzelnen wurden durch ständige Spezialisierung in die an Produktion und Konsum orientierten Ziele gebunden.

Das durch diese Spezialisierung vorhandene visuelle Chaos, die Notwendigkeit, gestalterische Möglichkeiten der Vielfalt der Medien und Technik grundlegend zu erarbeiten, die Anwendung und Auswirkung dieser Möglichkeiten in der Umwelt stellen den zukünftigen Gestalter vor vielschichtige Probleme. Er wird sich mit neuen, heute unbekannten, Aufgaben, Techniken, Anwendungsgebieten und Verhaltensweisen auseinandersetzen und mehrere Disziplinen umfassende Prozesse, auch ausserhalb der Gestaltung, überblicken, zusammenfassen und in seine Tätigkeit integrieren müssen. Dies bedingt die Fähigkeit zur Zusammenarbeit und die Fähigkeit, bestehende oder erarbeitete Strukturen und Funktionen immer wieder in Frage zu stellen.

In den in diesem Band dargestellten drei Fachrichtungen werden an elementaren Übungsmodellen komplexe gestalterische Zusammenhänge, Entwurfs- und Arbeitsprozesse und ihre Wechselbeziehungen untersucht und entwickelt. Die dabei erarbeiteten Reihen, Programme, Strukturen und Konzeptionen vermitteln den Ein- und Überblick in die Vielschichtigkeit möglicher gestalterischer Prozesse. Ständiges Differenzieren, das Definieren von Kriterien durch Vergleichen und In-Frage-Stellen, das Erkennen und Werten von Zusammenhängen, die möglichst objektive Kritik und Kontrolle der eigenen Tätigkeit entwickeln das selbständige Urteilsvermögen und Verantwortungsbewusstsein. Die unterschiedlichen, subjektiven Fähigkeiten der Studenten erweitern den Differenzierungsprozess und ergeben die Grundlage zur Gruppenerfahrung, da die Vielfalt der möglichen Lösungen und ihre Differenzierungen vom einzelnen nicht mehr voraussehbar und zu erarbeiten sind.

Diese Erkenntnis- und Erfahrungsprozesse machen die Notwendigkeit und Konsequenz von gestalterischen Entscheidungen, deren Abhängigkeit von vielen Faktoren und ihre positiven oder negativen Auswirkungen einsichtig. Sie sind auf andere Medien, komplexere Problemstellungen, übertragbar.

Farbe 1

Die Beziehungen der Studenten zur Farbe und deren Wirkungen sind mangels entsprechender Vorschulung durch Vorurteile und Rezepte eingeengt, die aus Unsicherheit ungeprüft übernommen werden. Farbe wird als Ausdrucksmittel des gefühlsbetonten, persönlichen Geschmacks angesehen.

Objektives und differenziertes Wissen über Farben, deren Wirkungen und Wechselbeziehungen, und das Erarbeiten sachlicher Kriterien, sind Lernziele dieses Faches. Objektivität wird durch vorurteilloses Beobachten von Farbbeziehungen unter wechselnden Voraussetzungen und nicht durch irgendwelche Harmonielehren oder Farbtheorien angestrebt.

Innerhalb klar festgelegter Bedingungen werden durch Variation eine Vielzahl von Möglichkeiten erarbeitet. Deren Beziehungen untereinander werden im Vergleich definiert und geordnet. Durch stetiges Vergleichen, Abwägen und Beurteilen von Farbqualitäten und -quantitäten entwickeln sich differenziertes bewusstes Sehen und zuverlässige Erfahrungen. Dies sind Voraussetzungen für den Einsatz von Farben als Gestaltungsmittel. Das Aussehen einer Farbe kann nicht an ihr selbst, sondern nur in Beziehung zu anderen Farben untersucht werden. Durch den Unterschied in der Farbrichtung, der Helligkeit, der Buntheit und der Proportion zu anderen Farben erhält eine Farbe ihren eigenen, relativen und damit veränderbaren Wert. Die eingehende Untersuchung dieser Relationen (Kontraste) ist der Ausgangspunkt der Auseinandersetzung. In den nachfolgenden Übungsmodellen werden die Wirkung dieser Farbbeziehungen und die gewonnene Erfahrung in komplexeren Strukturen erprobt.

Um die Wirkungen der Farben nicht mit formalen oder kompositionellen Problemen zu belasten, werden einfache Darstellungsformen gewählt. Die abgebildeten Beispiele haben quadratisches Format, die gleiche Grösse (im Original 9 × 9 cm) und senkrechte Unterteilung. Die formale Veränderung besteht in der unterschiedlichen Anzahl und Breite der senkrechten Intervalle, in mehr quantitativen als qualitativen Formdifferenzierungen. Mit Temperafarbe wird das Mischen und gleichmässige Auftragen der Farbtöne direkt auf aufgespanntem Papier geübt. Eine gute Qualität des Farbauftrages ist für das Studium reiner Farbwerte unerlässlich. Pinseltexturen, Lasuren usw. würden als zusätzliche formale Elemente die Wirkung der Farben verändern.

Als Ergänzung zur praktischen Auseinandersetzung in «Farbe 1 und 2» wird Farbentheorie in Form von Vorlesungen vermittelt.

Die Verfeinerung des farblichen Unterscheidungsvermögens durch das bewusste Anwenden von im Arbeitsprozess zu definierenden Kriterien ist das Ziel dieser ersten Übung. Als Form dient ein in zwei gleiche Hälften geteiltes Quadrat. In jedem Quadrat werden zwei Farben einander gegenübergestellt. Es sollen möglichst verschiedenartige Gegenüberstellungen, Farbenpaare, erfunden werden. Jeder Student malt etwa 30–40 solcher Quadrate und schneidet sie aus. Aufgrund dieser Beispiele wird die Frage nach den verschiedenen Unterscheidungsmerkmalen von Farben gestellt und mit den Studenten besprochen. Manche Farbkontraste werden von fast allen Studenten gleich beurteilt (z. B. das «Hell/Dunkel»), andere werden von verschiedenen Personen je nach subjektiven Voraussetzungen sehr unterschiedlich empfunden (z. B. Warm/Kalt). Die drei Unterscheidungen der «Farbe an sich», des «Hell/Dunkel» und des «Bunt/Unbunt» erlauben eine einigermassen präzise Umschreibung der gegenseitigen Beziehungen von zwei Farben. Die Analyse der gemalten Beispiele erfolgt daher nach diesen drei Kriterien. Andere, betont subjektive Kriterien, werden bei dieser Übung nicht berücksichtigt. Zur Erklärung des «Farbe-an-sich-Kontrastes» werden Farbkreise studiert, Modell für den Hell/Dunkel-Kontrast ist eine gestufte Reihe Weiss/Grau/Schwarz. Auch der Aufbau von räumlichen Farbordnungen wird erklärt. (In einer solchen Farbordnung werden die drei genannten Kriterien in Form der drei Dimensionen sichtbar.)
Der Student analysiert seine mehr oder weniger zufällig entstandenen Beispiele, indem er sich bei jedem Farbenpaar folgende Fragen stellt:
Ist ein Unterschied der Farbe an sich vorhanden, d. h. ist eine der Farben rötlicher, gelblicher, blauer usw. (im Sinn des Farbkreises) als die andere?
Ist eine der Farben heller als die andere?
Ist eine der Farben bunter als die andere?
Dabei entstehen verschiedene Gruppen von Beispielen, welche die entsprechend gleichen Unterscheidungsmerkmale aufweisen. In Zweifelsfällen versucht der Lehrer die Entscheidung durch Hinweise und Vergleiche zu erleichtern. Während dem Einordnen aller Farbkarten zeigt es sich meistens, dass in einzelnen Gruppen viele, in anderen nur wenige oder nur undeutliche Beispiele vorhanden sind. Fehlendes wird nun ergänzt, Ungenaues ausgeschieden bzw. präzisiert, bis für jede Kontrastmöglichkeit einige klare Beispiele vorliegen.
Alle diese zu Gruppen geordneten Beispiele werden auf weisse Papierbogen aufgeklebt.
Die auf dieser und der folgenden Doppelseite abgebildeten Beispiele zeigen solche nach den analysierten Kriterien geordnete Farbenpaare.

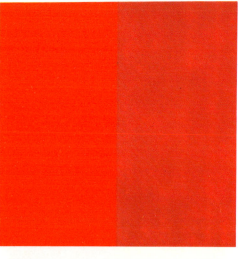

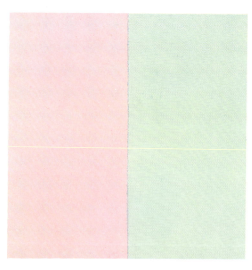

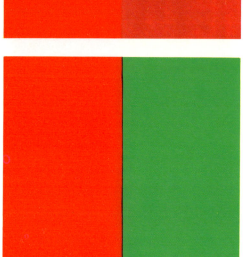

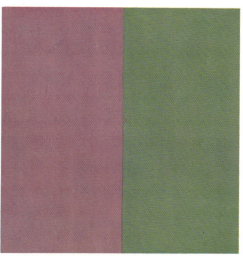

Oben: Minimaler Unterschied der Farbe an sich, d. h. die linke Farbe ist etwas gelblicher als die rechte. Keine Unterschiede im Hell/Dunkel und Bunt/Unbunt.
Unten: Grosser Unterschied zwischen den als Farbe gegensätzlichen Werten Rot und Grün. Keine Unterschiede im Hell/Dunkel und Bunt/Unbunt.

Die drei Farbenpaare enthalten – auf unterschiedlichen Helligkeitsebenen – den Farbe-an-sich-Gegensatz Rot/Grün, jedoch keine Unterschiede im Hell/Dunkel und Bunt/Unbunt.

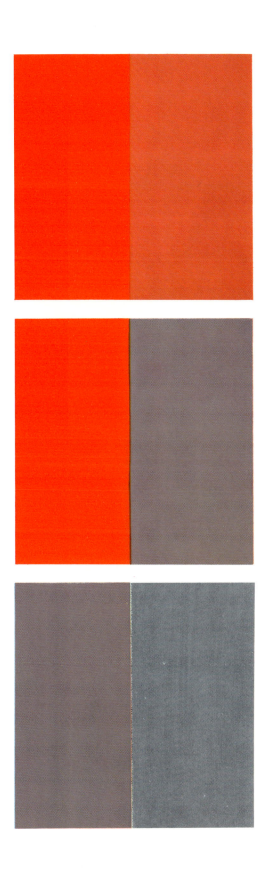

Die drei Farbenpaare enthalten kleinere oder grössere Bunt/Unbunt-Unterschiede. Die gleiche rötlichgraue Farbe erweist sich im mittleren Beispiel als die weniger bunte, im unteren als die im Verhältnis zur Nachbarfarbe buntere Farbe. Die Farbenpaare enthalten keine Unterschiede der Farbe an sich und im Hell/Dunkel.

Die drei Farbenpaare enthalten kleinere oder grössere Hell/Dunkel-Unterschiede. Die dunklere Farbe des obersten Beispiels ist beim mittleren Beispiel die hellere im Verhältnis zur Nachbarfarbe. Die Farbenpaare enthalten keinen Unterschied der Farbe an sich, Rosa und Braun des unteren Beispiels sind von der gleichen roten Farbe abgeleitet. Auch im Bunt/Unbunt bestehen keine Unterschiede.

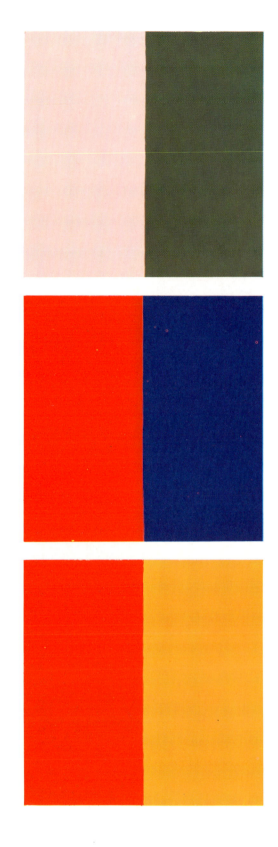

Die drei Farbenpaare enthalten sowohl Unterschiede im Hell/Dunkel als auch im Bunt/Unbunt. Das dunkle Braun und das helle Rosa sind durch Mischung mit Schwarz bzw. Weiss von der roten Nachbarfarbe abgeleitet und unterscheiden sich deshalb von ihr nicht in der Farbe an sich.

Die drei Farbenpaare enthalten Unterschiede der Farbe an sich und im Hell/Dunkel, aber keine Bunt/Unbunt-Unterschiede.

Die drei Farbenpaare enthalten sowohl Unterschiede der Farbe an sich als auch im Bunt/Unbunt, aber keine Hell/Dunkel-Unterschiede.

Die fünf Farbenpaare oben und rechts enthalten gleichzeitig grössere oder kleinere Unterschiede der Farbe an sich, im Hell/Dunkel und im Bunt/Unbunt.

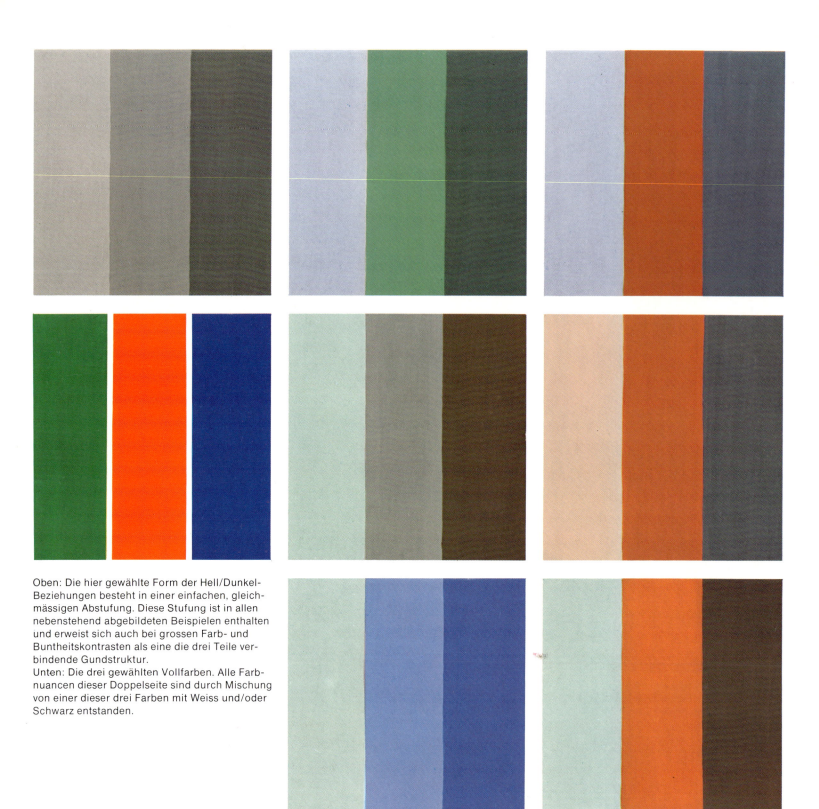

Oben: Die hier gewählte Form der Hell/Dunkel-Beziehungen besteht in einer einfachen, gleichmässigen Abstufung. Diese Stufung ist in allen nebenstehend abgebildeten Beispielen enthalten und erweist sich auch bei grossen Farb- und Buntheitskontrasten als eine die drei Teile verbindende Gundstruktur.
Unten: Die drei gewählten Vollfarben. Alle Farbnuancen dieser Doppelseite sind durch Mischung von einer dieser drei Farben mit Weiss und/oder Schwarz entstanden.

Die Voraussetzungen zu dieser Übung bestehen in:
– Einem in drei gleiche Teile geteilten Quadrat als Form.
– Drei vom Studenten im voraus bestimmten Helligkeitswerten, die als unveränderliches Element in allen zu erarbeitenden Übungsteilen enthalten sein sollen.
– Drei Vollfarben sowie Schwarz und Weiss als Ausgangsfarben für die Mischungen.

Die Vollfarben werden nicht untereinander, sondern je nur mit Weiss und/oder Schwarz gemischt. Unter Einhaltung der entsprechenden Helligkeitswerte werden mit diesen Farben viele möglichst verschiedenartige Farbklänge gesucht. Die Problemstellung wird komplexer, wenn die Hell/Dunkel-Beziehungen weniger regelmässig gewählt werden, wenn die Proportionen der drei Streifen ungleich sind, wenn die Farbenzahl und die Art der Mischung nicht eingeschränkt sind.

Die gleichteilige Dreiteilung als Form wird bei dieser Übung beibehalten. Eine gewählte Farbe, als unveränderliches Element, soll mit je zwei anderen zu Farbklängen ergänzt werden. Die in der ersten Übung analysierten Farbkontraste werden nun bewusst angewendet. Mit ihrer Hilfe werden zwischen den drei Farben durch Gegensätzlichkeit Spannungen erzeugt, durch Ähnlichkeit oder Gleichheit Verbindungen geschaffen. Unter Ausnutzung des ganzen Spielraumes und aller Kombinationsmöglichkeiten sind viele verschiedenartige Beispiele zu erfinden.
Der Student breitet seine mehr oder weniger reichhaltige Sammlung (etwa 40–60) von ausgeschnittenen Farbkarten vor sich aus und ordnet sie nach ihrem Aussehen. Aus Farbklängen, die sich in bezug auf Art und Stärke der Farbkontraste gleichen, werden Gruppen gebildet. Jeder Farbklang kann nur als Ganzes (Synthese) mit den anderen Klängen verglichen werden. Eine detaillierte Analyse der einzelnen Beziehungen zwischen den drei Farben erweist sich als zu komplex und ist unbrauchbar. Alle vorhandenen Beispiele sind ohne Rücksicht auf spontane Wertungen wie «schön», «nicht schön» in die Ordnung einzubeziehen. Die entstandenen Gruppen werden anschliessend auch untereinander in einen sinnvollen Zusammenhang gebracht. Die Farbklänge werden in der so gefundenen Ordnung auf grosse Papierbogen aufgeklebt.
Das Finden und Anwenden von Unterscheidungsmerkmalen, das ständige Vergleichen und Beurteilen von Unterschieden und Gemeinsamkeiten zwischen den einzelnen Farbklängen fördert das bewusste Sehen von farblichen Zusammenhängen. An der unveränderlichen Ausgangsfarbe erleben die Studenten die oft starke simultane Veränderung einer Farbe unter dem Einfluss ihrer jeweiligen Nachbarfarben.

Die abgebildeten Beispiele sind einer grösseren Ordnung entnommen. Senkrecht untereinander je eine Gruppe von ähnlich starken Kontrasten. Die Gruppe ganz links weist nur geringe Unterschiede der Farbe an sich, der Helligkeit und der Buntheit auf, ganz rechts sind diese Unterschiede sehr gross. Zwischen diese Extreme sind die anderen Beispiele an entsprechender Stelle eingeordnet.

Aus den Beispielen der vorhergehenden Übung wird ein Farbklang ausgesucht. Die drei Farben werden in grösserer Menge nachgemischt und in verschliessbaren Töpfchen aufbewahrt. Durch Umstellen der Reihenfolge und das Variieren der Proportionen verändert sich der farbliche Ausdruck des ursprünglichen Klanges. Bei manchen Konstellationen ergibt sich eine Steigerung oder Verfeinerung des Farbklanges, andere wirken sich eher ungünstig auf die Farben aus. Es wird ersichtlich, wie sich Stellung und Porportionen von Farben auf ihre gegenseitigen Beziehungen auswirken.

Bei den oben abgebildeten Beispielen sind an zwei verschiedenen Farbklängen nur die Proportionen variiert, nicht die Reihenfolge der Farben.

Die Abbildung zeigt das für die abgebildeten Farbübungen benötigte Material: Ein Sortiment von 10 Temperafarben, 2 bis 3 Pinsel, ein Wassergefäss, Papier, ein flacher Teller zum Farbenmischen, ein Brett zum Aufspannen des Papiers.

Die folgenden Realaufnahmen dokumentieren das Aufspannen des Malgrundes.
Das Papier wird auf beiden Seiten mit einem Schwamm angefeuchtet. Es dehnt sich aus.

Im feuchten Zustand wird das Papier mit Klebestreifen auf dem Brett fixiert.

Durch den Trocknungsprozess wird das Papier angespannt. Damit steht eine ebene Malfläche zur Verfügung, die sich auch beim Auftragen der nassen Farbe nicht wölbt.

Ein gewähltes, in der Helligkeit gleiches Farbenpaar bildet in Form von zwei schmalen, gleichbreiten Mittelstreifen das unveränderliche Element dieser Übung. Durch die beiden variablen äusseren Farbflächen soll die Wirkung dieser gegebenen Farben möglichst stark auf verschiedenste Art beeinflusst werden. Dabei verändert sich nicht nur das Aussehen der einzelnen Farben, auch die Beziehung zwischen den beiden gleichbleibenden Farben erweist sich durch unterschiedliche Einflüsse von links und rechts als nicht konstant.
Die Veränderung einer Farbe durch eine andere (sog. Simultankontrast) kann in allen drei Dimensionen erfolgen, d. h. unter dem Einfluss der angrenzenden Farbe kann sie verändert erscheinen in der Farbrichtung (gelber, blauer, rötlicher usw.), in der Helligkeit (heller, dunkler) und in der Buntheit (bunter, weniger bunt).

23

Bei den folgenden Übungen werden mit fünf dreiteiligen Quadraten zusammenhängende Reihen gebildet. Als erstes bleibt eine der drei Farben des ausgewählten Farbklanges unverändert, während sich die beiden anderen vom ersten bis zum letzten Quadrat fortlaufend wandeln. Dabei kann die Veränderung einer Farbe in einer oder in mehreren Kontrast-Richtungen gleichzeitig erfolgen. Für die schrittweise Veränderung des entsprechenden Farbfeldes können gleich oder verschieden grosse Intervalle gewählt werden. Jedoch sollen die Intervalle von Quadrat zu Quadrat insgesamt als gleich gross empfunden werden.

Anschliessend werden in den Reihen der folgenden zwei Doppelseiten alle drei Farben verändert und mit einer gleichzeitigen Veränderung der Proportionen verbunden. Diese quantitative Veränderung soll, parallel zur Stufung der Farben, kontinuierlich in gefühlsmässig gleich grossen Schritten erfolgen.

Das Koordinieren der vielfältigen Beziehungen von Farbe zu Farbe, von Farbe zu Proportion, von Teil zu Teil und vom Teil zum Ganzen stellt den Studenten vor eine Reihe von Entscheidungen, die er nie einzeln, sondern immer nur im Zusammenhang treffen kann. An solchen komplexeren Aufgaben werden gleichzeitig verschiedene gestalterische Fähigkeiten entwickelt und geübt: das farbliche Vorstellungsvermögen, das Denken und Planen in grösseren Zusammenhängen und ein feines Differenzierungsvermögen für Farben und Proportionen.
Diese Fähigkeiten sind Voraussetzungen für den bewussten Einsatz von Farbe als Gestaltungsmittel im Rahmen einer späteren Berufsausbildung.

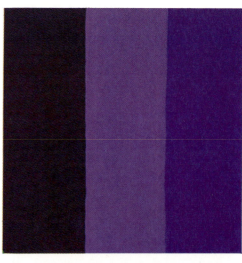

Aus den Realaufnahmen ist das Ausmischen von Farben, deren Auftrag und der Teil eines Arbeitsplatzes ersichtlich.

Im nassen Zustand können Temperafarben nicht miteinander verglichen werden.

Farbproben werden am Rand eines separaten Papiers aufgetragen.

Erst die getrocknete Farbprobe erlaubt einen schlüssigen Vergleich.

Reihe oben: Farbliche Veränderung des mittleren und rechten Streifens innerhalb gleicher Proportionen.
Reihe Mitte: Gleiche Farben wie oben. Zusätzlich die Veränderung der Proportionen.
Reihe unten: Veränderung aller drei Teile in Farbe und Proportion.

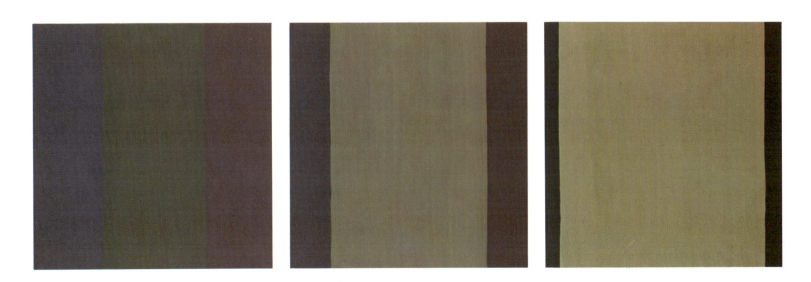

Reihe oben: Die Farbe des linken Streifens verändert sich im Vergleich zu den beiden andern nur wenig, die Proportionen bleiben gleich.
Reihe Mitte: Gleiche Farben wie oben mit zusätzlicher Veränderung der Proportionen.
Reihe unten: Veränderung aller drei Teile in Farbe und Proportion.

29

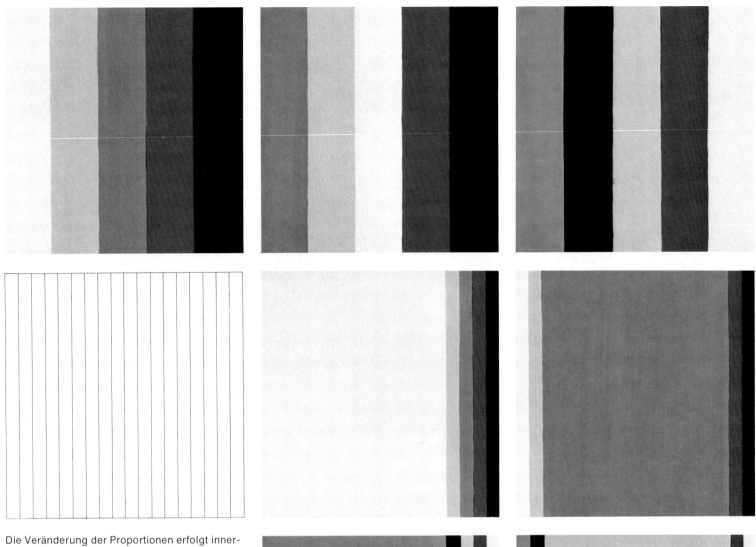

Die Veränderung der Proportionen erfolgt innerhalb eines kleinteiligen Rasters. Dieser ist ein nützliches Instrument zur Bestimmung von klaren und eindeutigen Proportionsverhältnissen. Ebenso wirken sich die klaren Hell/Dunkel-Beziehungen der ursprünglichen Abstufung auch noch bei stark veränderter Reihenfolge und Proportion positiv aus.

Bei dieser Übung werden fünf Farbstufen in gleichen Abständen von Weiss bis Schwarz in verschliessbaren Töpfchen angemischt. Sie bilden die Grundlage zu Untersuchungen mit dem Hell/Dunkel-Kontrast, unvermischt mit anderen Kontrasten. In der ersten Übung wurde die Frage nach der Art eines Kontrastes gestellt. Hier wird die Grösse der Unterschiede innerhalb einer einzelnen Kontrastart untersucht. Das Abstimmen der fünf Helligkeitswerte zu einer Reihe mit optisch gleich grossen Abständen erfordert ein präzises Abwägen dieser Unterschiede.
Der Mengen-Kontrast ist ausser den drei zu Beginn analysierten Farbkontrasten ein weiterer Faktor, der das Aussehen von Farben und Farbklängen wesentlich beeinflusst. Die Beziehung zwischen Menge und Helligkeitswert einer Farbe, d. h. die Möglichkeit, vorhandene Unterschiede durch Veränderung der Proportionen zu verstärken oder abzuschwächen, kann bewusst beobachtet werden. Auch die Veränderung der Reihenfolge bewirkt eine Gewichtsverschiebung zwischen den verschiedenen Farbwerten.

Die abgebildeten Beispiele zeigen reihenweise:
Oben: Veränderung der ursprünglichen Reihenfolge bei gleichwertigen Proportionen.
Mitte: Veränderung der Proportionen innerhalb der ursprünglichen Reihenfolge.
Unten: Gleichzeitige Veränderung der Reihenfolge und der Proportionen.

Diese Übung besteht im Entwerfen einer fünfteiligen Farbabstufung, in der sich die Farben schrittweise und in mehreren Kontrast-Richtungen gleichzeitig verändern. Farbkreisähnliche oder nur Hell/Dunkel-Abstufungen sind zu vermeiden. Die Abfolge soll zudem von der ersten bis zur letzten Stufe in irgendeiner Form eine Steigerung enthalten, d. h., diese beiden Stufen sind möglichst ungleichwertig zu wählen, um eine Symmetrie zu vermeiden. Aus einer Vielzahl von Entwürfen wird ein interessantes Beispiel ausgewählt. Jede der hier abgebildeten Stufungen ist das ausgewählte Beispiel eines Studenten für anschliessende Proportionsübungen. Die einzelnen Farbstufen werden für die nachfolgende Übung in Töpfchen nachgemischt. Das genaue Abstimmen von gleichmässigen Farbstufen stellt hier grössere Anforderungen an den Studenten als bei der vorausgehenden Übung, da von Stufe zu Stufe gleichzeitig mehrere nicht immer parallel verlaufende Veränderungen stattfinden. Es kommt z. B. vor, dass in einer Abfolge mit gefühlsmässig gleich grossen Helligkeitsstufen die Abstände in der Buntheit ungleich gross erscheinen. In solchen Fällen müssen die verschiedenen Kriterien gegeneinander abgewogen und eine vermittelnde Lösung gefunden werden.

Die Realaufnahmen dokumentieren Arbeitsvorgänge beim Entwerfen von Farbklängen und deren Zuordnung.
Der Farbauftrag reicht oben, unten und seitlich ein wenig über das vorgezeichnete Format hinaus.

Nach dem Trocknen der Farben werden die einzelnen Teile der jeweiligen Übung in richtiger Grösse ausgeschnitten.

Für das Vergleichen und Ordnen der Farbklänge sind gute Lichtverhältnisse erforderlich.

Zur Beurteilung werden die Teile auf einer farblich möglichst neutralen (grauen) Unterlage ausgelegt.

In der gefundenen Ordnung werden die Arbeiten auf grosse Papierbogen aufgeklebt. Eine solche Ordnung besteht meistens aus mehreren Bogen.

Die fünf Farbstufen aus der letzten Übung werden in ähnlicher Weise wie bei der Übung auf der vorletzten Doppelseite in ihrer Reihenfolge und in den Proportionen verändert. Trotz eng begrenzter farblicher und formaler Gegebenheiten ergeben sich daraus unzählige Möglichkeiten. Die systematische Darstellung aller dieser Varianten ist innerhalb des zur Verfügung stehenden Zeitraumes nicht möglich. Nach grundsätzlichen Hinweisen des Lehrers auf die Notwendigkeit einer sinnvollen Planung stellt sich jeder Student ein begrenztes Programm für die folgende Untersuchung zusammen. Ein solches Programm ist in der Praxis wesentlich umfangreicher als die kleine Zahl der hier abgebildeten Beispiele. Die Veränderungen der Reihenfolge und Proportionen sollen bewusst vorgenommen werden. Die Beispiele sollen nicht durch Zufall entstehen, sondern lesbarer Ausdruck von klaren Überlegungen und Absichten sein. Auf der Suche nach eindeutigen Mengenverhältnissen sind Rastereinteilungen und andere formale Gerüste (z. B. die oben verwendete Progression) wertvolle Hilfsmittel für den Studenten. Nur selten ist zu diesem Zeitpunkt sein Gefühl für Proportionen schon so weit entwickelt, dass er auch ohne solche Hilfen gleichwertige Lösungen findet.

In jeder der drei horizontalen Reihen dieser Doppelseite bleibt jeweils die Reihenfolge der Farben gleich, während sich die Proportionen ändern. Allen Beispielen dieser Seite liegt ein Raster zugrunde (s. vorletzte Doppelseite).

Bei allen Beispielen dieser Seite sind die gleichen progressiven Teilungen enthalten.
Oben links/Mitte: Die Abstufung der Farben wird gleichzeitig durch eine progressive Stufung der Proportionen gesteigert.
Oben rechts: Kontinuierliche farbliche Stufung, die Proportionen in veränderter Reihenfolge.
Links Mitte/unten: Die Reihenfolge der Farben ist verändert, während die formale Progression erhalten bleibt (wie oben).
Unten rechts: Sowohl die Farben wie auch die Proportionen in veränderter Reihenfolge.

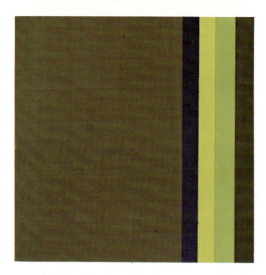

In Erweiterung der vorausgehenden Übung werden Teile aus zwei verschiedenen Farbabstufungen kombiniert.
Die Studenten ermischen sich zu diesem Zweck neue Farbstufen oder sie tauschen gegenseitig ihre Farben aus. Wiederum werden Reihenfolge und Proportionen variiert. Die Möglichkeiten sind noch komplexer als vorher.

Alle nebenstehenden Beispiele sind aus dem Farbmaterial der beiden links abgebildeten Stufungen aufgebaut.

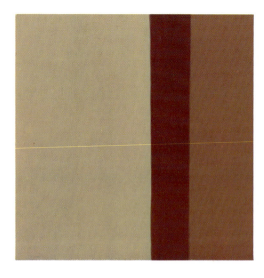
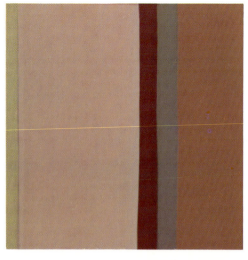

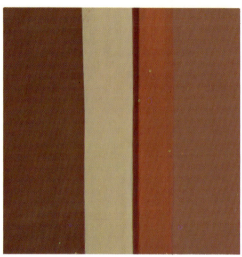
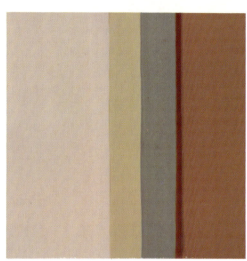

Drei Farben in einem klaren Proportionsverhältnis bilden den Ausgangspunkt für diese Übung. Dieser dreiteilige Farbklang ist durch das Hinzufügen von zwei weiteren Farbflächen auf fünf Teile zu erweitern.
Die zwei neuen Farbflächen sind so in die bestehende Gruppe einzugliedern, dass die ursprüngliche Teilung der Fläche noch erkennbar bleibt.

Zwei der drei vorgegebenen Farbflächen werden dabei zwangsläufig durch die hinzugefügten Farben mehr oder weniger stark reduziert. Der Student soll aus der farblich und formal bereits differenzierten Gegebenheit durch Addition zusätzlicher Elemente möglichst verschiedenartige neue Gruppierungen und Klänge entwickeln. Er ist in der Wahl der zusätzlichen Farben nicht beschränkt, aber er muss beim Bestimmen dieser Farben verschiedenste Faktoren gleichzeitig berücksichtigen. Die Farben müssen in der Farbrichtung, der Helligkeit, im Buntheitsgrad, in ihrer Stellung und Proportion zum Vorhandenen in Beziehung gebracht werden.

Allen Beispielen dieser Doppelseite liegt der oben abgebildete dreiteilige Farbklang zugrunde.

Die Abbildungen zeigen die Arbeitssituation in den Klassen. Die einzelnen Übungen werden von allen Studenten einer Klasse innerhalb des gleichen Zeitraumes durchgeführt. Aber der individuelle Arbeitsrhythmus jedes einzelnen Studenten bewirkt, dass oft gleichzeitig und nebeneinander die verschiedensten handwerklichen und gestalterischen Arbeiten im Gange sind.

Alle vorhergehenden Übungen beruhten ausschliesslich auf der senkrechten Teilung der Fläche. Die beiden oben abgebildeten Beispiele weisen je zwei zusätzliche waagerechte Teilungen auf. Aus dieser Erweiterung um nur ein einzelnes, einfaches Formelement resultiert eine Vielzahl neuer formaler Möglichkeiten (Gegensatz von waagerecht und senkrecht betonten Formen, Gegensatz unten/oben, eine Fläche berührt mehr als nur zwei andere usw.). Damit sind auch die Farbbeziehungen viel komplexer. Zu der Wechselwirkung zwischen Farbe und Menge tritt jene zwischen Farbe und Form.

Bei den beiden Beispielen unten werden die vier durch die Diagonalen entstandenen Dreiecke parallel zum Format in je zwei unterschiedlich grosse Felder unterteilt.
Beide Beispielpaare sind komplexen Farbe-Form-Sequenzen entnommen.

Graphische Übungen

In diesem Fach werden grundlegende konzeptionelle Denk- und Entwurfsprozesse an elementaren Übungsmodellen, welche gestalterische Eingriffe als Voraussetzung notwendig machen, entwickelt. Mit einfachen graphischen Mitteln werden die klar festgelegten Bedingungen über lange Zeit in verschiedenen Differenzierungsebenen bearbeitet, analysiert und weiter entwickelt. Die dabei entstehende Vielzahl von Arbeitsergebnissen und die Erkenntnis aus dem gesamten Arbeitsprozess sind das Resultat. Die Kriterien werden entsprechend dem jeweiligen Arbeitsstand definiert und differenziert.

Die Kritik und Kontrolle der eigenen Tätigkeit sensibilisiert die Selbständigkeit und Urteilsfähigkeit. Die Ein- und Übersicht in die Vielfalt und Komplexität der Entwurfsvorgänge erfolgt in enger Zusammenarbeit mit dem Lehrer und in der Gruppe. Grundsätzlich werden keine herkömmlichen, ästhetischen Kompositions- und Gestaltungsregeln vermittelt und keine mehr oder weniger zufälligen Einzelresultate angestrebt. Handwerklich-technische Perfektion und die Komposition sind nur Teile der gesamten Auseinandersetzung und in die Funktion der Entwurfsprozesse integriert. Die durch ständiges vorurteilloses Vergleichen und Werten der erarbeiteten Teile entstehenden Gruppenbeziehungen und Überlagerungen sind die breite Basis für Entscheidungen zu weiteren Auseinandersetzungen und zur Verfeinerung der gestalterischen Qualität. Die persönlichen Fähigkeiten der Studenten bilden eine weitere Differenzierung der an sich schon vielschichtigen Gestaltungsprozesse und Programme. Diese gliedern sich in folgende Differenzierungseinheiten und Tätigkeiten:

Klar festgelegte Ausgangssituation und Problemstellung;

Kritisches Erarbeiten und Definieren von mehreren möglichen Lösungen aus einer Vielzahl von Versuchen;

Wahl einer Möglichkeit als Thema;

Erarbeiten von Variationen innerhalb dem gewählten Thema;

Ordnen und Definieren von Beziehungen der Variationen untereinander nach Kriterien, die dem jeweiligen Thema adäquat sind;

Integrieren der verschiedenen Kriterien, so dass die Beziehungen der einzelnen Teile zueinander in horizontaler wie vertikaler Richtung lesbar werden;

Wahl einer vertikalen oder horizontalen Richtung aus der erkannten Ordnung;

Erarbeiten und Ergänzen der Intervalle und Beziehungen der Teile (Reihe) untereinander in logischer und qualitativer Sicht;

Anwendung der Erkenntnisse aus diesen Prozessen in neuen komplexeren Zielsetzungen. Dieser Entwicklungsprozess ist ein elementarer Anfang zur visuellen Kommunikation.

Um die über längere Zeit zu erarbeitenden Entwurfs- und Differenzierungsprozesse auf verschiedenen Ebenen nicht unnötig durch handwerklich-technischen Aufwand zu beschränken, wird mit schwarzem Papier, Messer, Schere und Leim auf weissem Papier gearbeitet. Das schwarze Papier erlaubt neben dem Schneiden andere Verarbeitungsweisen wie Falten, Reissen, Umlegen usw., wobei die graphische Wirkung der Flächen und Formen die Grundlage bilden. Zudem hat das Entwerfen mit Papier den Vorteil, dass Formelemente ausgewechselt oder verschoben werden können. Dies ermöglicht eine flexible vergleichende Arbeitsweise und deren Kontrolle. Die Entwicklung der handwerklichen Fähigkeiten sowie das Verständnis für die Notwendigkeit einer sauberen Darstellung ergeben sich aus dem Arbeitsprozess und der Vielzahl der zu erarbeitenden Teile. Parallel dazu verläuft die Sensibilisierung des Empfindens für differenzierte formale Qualitäten. Die einzelnen Übungsphasen, im ganzen vier, werden von allen Studenten etwa im gleichen Zeitraum erarbeitet. Dadurch wird die gemeinsame Erörterung aller auftretenden Probleme, der Vergleich und Erfahrungsaustausch ermöglicht, wodurch sich gleichzeitig der Einblick des einzelnen in die vielschichtigen visuell-konzeptionellen Entwurfs- und Denkprozesse erweitert.

Die auf den folgenden Seiten abgebildeten Beispiele zeigen drei verschiedene Abfolgen der einzelnen Phasen innerhalb eines Übungsmodells, d. h. von gleichen Voraussetzungen ausgehend. Sie sind die jeweilige Arbeit von drei Studenten und geben nur einen Ausschnitt der möglichen Vielfalt wieder. Es sind bewusst formal ähnliche Arbeitsergebnisse dargestellt, um die Differenzierung durch die Individualität der Studenten zu dokumentieren. Den Ausgangspunkt dieses Übungsmodells bilden vier gleich breite schwarze Papierstreifen und ein Quadrat als Format, welches der gesamten Breite der vier Streifen entspricht. In den Quadraten sollen immer vier Streifen enthalten sein. Senkrecht nebeneinander gestellt, ergeben die Streifen eine quadratische schwarze Fläche und sind als graphische Form nicht mehr lesbar.

Von dieser Situation ausgehend, sollen in der ersten Übungsphase elementare Aktionen, gestalterische Eingriffe, gefunden werden, durch welche die vier Streifen als Elementarform wieder erkennbar werden. Der jeweilige Eingriffsvorgang muss klar lesbar sein und bestimmt die graphische Erscheinungsform. Komposition, formal-ästhetische Qualität müssen dieser Funktion und dem eindeutigen Erkennen der Streifen unterstellt werden. Grundsätzlich sollen die Streifen nicht den Formträger von dekorativer Ornamentik und anderer Grundformen wie Dreieck, Kreis usw. oder die Struktur von graphischen Zeichen und bildhafter Darstellungen bilden.

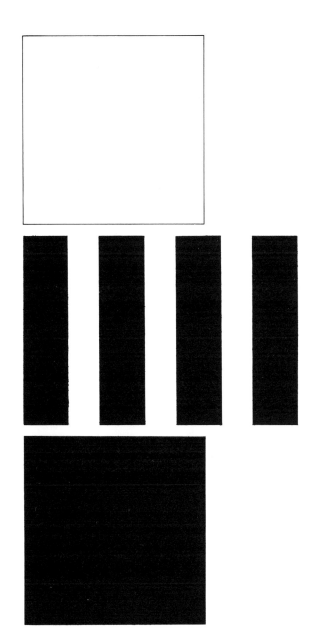

Die drei Abbildungen oben zeigen die Ausgangssituation, das Format, die vier gleich breiten Streifen, welche – senkrecht aneinander gestellt – eine schwarze quadratische Fläche bilden.

Die auf dieser und der folgenden Seite unten abgebildeten Beispiele zeigen Lösungsversuche, die den festgelegten Einschränkungen und Funktionen nicht entsprechen. So sind aus vier Streifenelementen zeichenähnliche Gebilde, Winkel, Dreiecke, gekrümmte Linien auf schwarzem Grund sowie bildhafte Formen und Figuren entstanden.

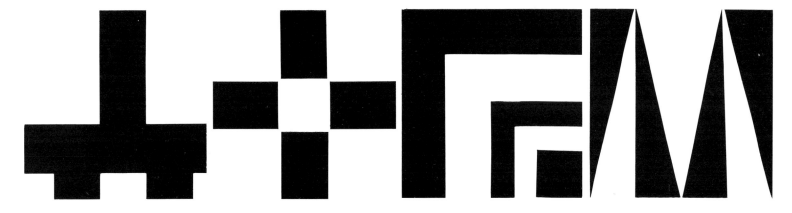

Jeder Student soll seiner Fähigkeit entsprechend möglichst viele, mindestens 15 bis 20 verschiedene, klare Lösungsmöglichkeiten erarbeiten. Die in spontanen Versuchen vorurteilslos entworfenen, vermeintlichen Lösungen bilden die Grundlage zur gemeinsamen Definition von Kriterien und Differenzierungen innerhalb der funktionalen Einschränkungen, d. h. falsche oder unklare Lösungen sind grundlegend für den Erkenntnis- und Differenzierungsprozess zu eindeutigen Lösungen. Bei jeder Lösung soll der Formcharakter des Eingriffes an den vier Streifen einheitlich sein, Kombinationen mehrerer Aktionen sind nur dann gerechtfertigt, wenn sie den genannten Funktionen entsprechen. Die Variation von nur einer Lösungsmöglichkeit wird vermieden, d. h. die Variationen zählen nicht als verschiedene Lösungen. Dreidimensionale Möglichkeiten oder blosse Veränderungen der Oberflächenstruktur werden unter Hinweis auf die Fächer «Räumliches Gestalten» und «Materialstudien» ausgeschieden. Nach dem Bestimmen der klaren Lösungen durch Auslegen und Vergleichen aller Teile wählt der Student innerhalb seiner möglichen Lösungen ein Beispiel als Thema, Formmodell für die zweite Übungsphase.

Die nebenstehenden Beispiele zeigen die möglichen Lösungen eines Studenten (in der Folge Student I). Durch Verschieben der Streifen haben sich mehrere unterschiedliche Möglichkeiten des Schrägstellens und Kreuzens ergeben. Das zweite Beispiel der oberen Reihe ist durch Falten, das erste der zweiten Reihe durch Verschieben-Einreissen-Umklappen entstanden. Das erste und dritte Beispiel der dritten Reihe zeigen den einfachen Schräg- und Horizontalanschnitt, das dritte Beispiel der zweiten Reihe das Herausnehmen von Streifenteilen durch Reissen. Das vierte Beispiel der dritten Reihe mit Veränderungen der Streifendicke unter beibehaltenem Intervall der Streifenbreite bildet einen Grenzfall. Jedes dieser Beispiele (der Grenzfall ausgenommen) kann als Formmodell für die zweite Übungsphase gewählt werden. In diesem Fall zeigen die beiden rechts aussen dargestellten Beispiele das Herausnehmen der sich aus parallelen Schnitten ergebenden Formelemente und das Verschieben der Formelemente aus diagonalen Schnitten. Die Wahl von zwei verschieden gestalterischen Prozessen wirkt sich in der Folge komplizierend aus.

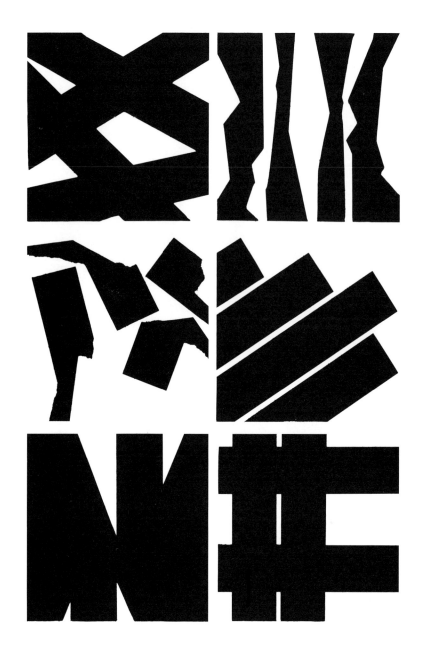

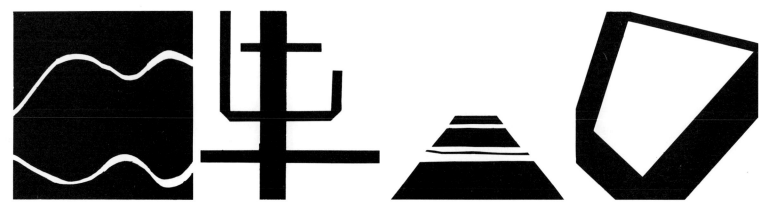

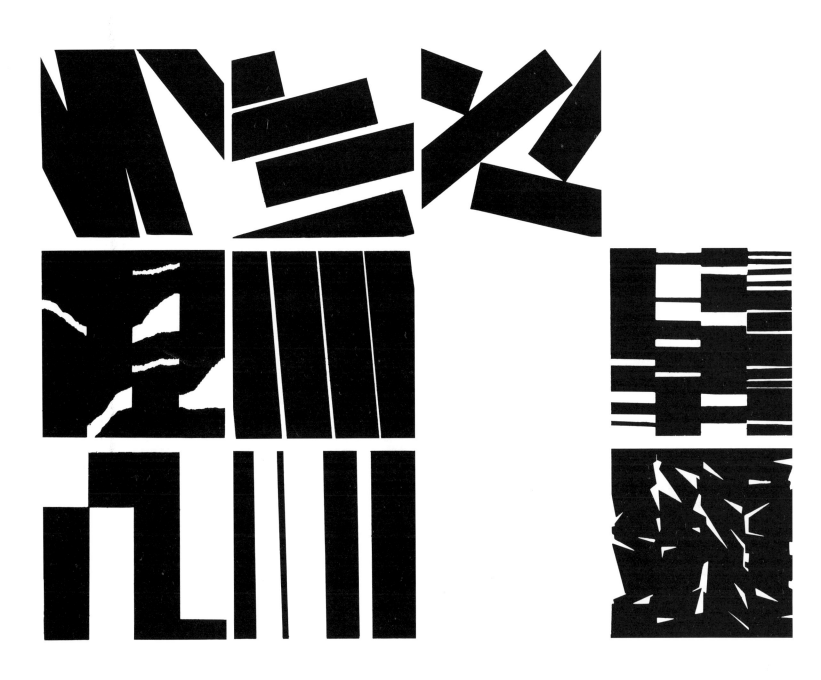

Die Realaufnahmen vermitteln einen Einblick in die Werkstattatmosphäre, den Arbeitsplatz und die Arbeitsweise.

In der zweiten Übungsphase soll die Variationsbreite der zuvor als Formmodell bestimmten Lösungsmöglichkeit entdeckend erarbeitet werden. Dabei soll der einmal bestimmte Formcharakter, der gestalterische Prozess klar ersichtlich bleiben. Der Student versucht möglichst viele, mindestens 30 verschiedene Variationen abzuleiten. Durch das manuelle und visuellvergleichende Arbeiten sowie die verschiedenen Intensitäten der jeweiligen gestalterischen Aktion soll der Variationsspielraum immer wieder erweitert werden, d. h. jedes einzelne Resultat beinhaltet die Möglichkeit einer neuen Dimension. Der blosse visuelle Nachvollzug, das schematische Ausfüllen eines rein gedanklichen Systems ist zu diesem Zeitpunkt verfehlt. Dadurch würden nur in sich abgeschlossene Teilbereiche möglicher Differenzierungsprozesse erfasst.

Die nebenstehenden Beispiele zeigen die Variationen aus den vom Studenten I gewählten Themen. Innerhalb dem Variieren ergeben sich Extremlösungen, welche nur im Zusammenhang klar lesbar sind. Diese werden in der ersten Phase als unklare Lösungen definiert. So das fünfte Beispiel der zweiten Reihe, welches auch nur als Linienintervalle gelesen werden kann. Beim zweiten Beispiel der dritten Reihe wirken die Progressionen vordergründig als gestalterische Absicht.

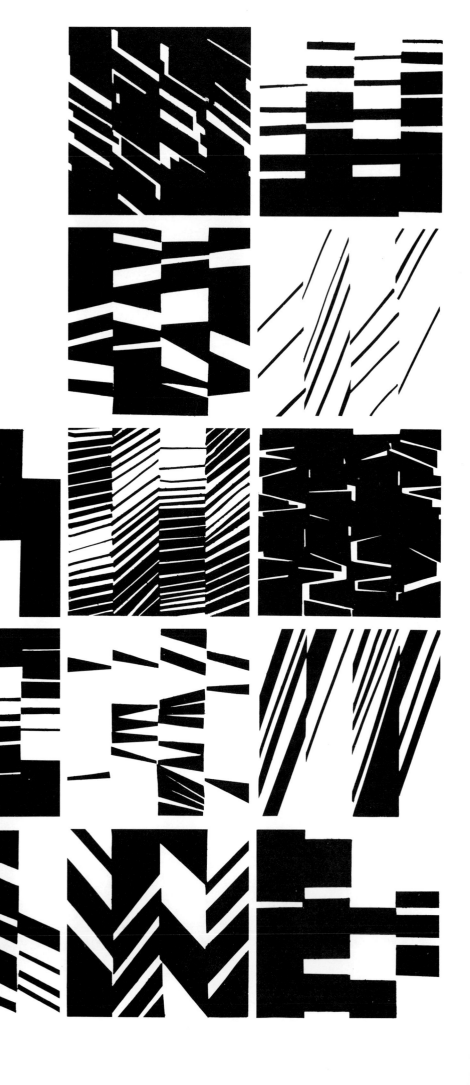

Die dritte Übungsphase besteht im Erkennen und Definieren aller vorhandenen Beziehungen zwischen den einzelnen Variationen untereinander sowie im Ordnen dieser Beziehungen zueinander. Dabei sollen grundsätzlich alle vorliegenden Teile in ihrer Bedeutung als gleichwertig betrachtet werden, d. h. eine Wertung und Eliminierung von Teilen aufgrund von subjektiven Empfindungen, wie «schön», «unschön», ist zu vermeiden. Da die Teile mehr oder weniger frei, nicht systematisch erarbeitet wurden, ergeben sich teilweise Überschneidungen und kleine oder grosse Unterschiede, Intervalle von Teil zu Teil (Schema I). In der zu findenden Ordnung muss daher versucht werden, die Grösse dieser Unterschiede als offene Distanz, leere Stellen von noch zu erarbeitenden Teilen, zu bestimmen.

Durch Auslegen und Vergleichen werden die dem jeweiligen gestalterischen Prozess entsprechend verschiedenen Merkmale und Beziehungen im graphischen Aussehen der Teile nach Kriterien, wie hell–dunkel, statisch–dynamisch, einfach–kompliziert, einteilig–mehrteilig, wenig–viel usw., definiert. Die den einzelnen Kriterien entsprechenden Teile werden in linearer Folge geordnet (Schema II). Dadurch erhält der Student eine klare Kenntnis aller seine Teile bestimmenden Faktoren, die Voraussetzung für das weitere Vorgehen.

Die so den jeweiligen Kriterien zugeordneten Teile (Gruppierungen) sollen zu einer in horizontaler wie vertikaler Richtung lesbaren Beziehungsstruktur aller Teile zueinander integriert werden (Schema IV). Alle Kriterien müssen in ihren Beziehungen untereinander als gleichwertige Faktoren berücksichtigt werden.

Im Gegensatz dazu würde ein mehr oder weniger zufälliges Ordnen der Teile in einer sich linear verzweigenden Struktur stehen. Das Teil des Ausgangspunktes bestimmt in der Folge die Teile möglicher Abzweigungen. Diese wiederum bilden Schlüsselstellen gegenüber allen anderen Teilen (Schema III, schwarz markierte Teile). Durch den Wechsel des Ausgangspunktes unter verschiedenen Gesichtspunkten ist die Verzweigungsstruktur veränderbar. Dadurch werden Beziehungen von Teil zu Teil und zum Ganzen sowie die Teile selbst zu ungleichwertigen Faktoren und durch das System bestimmt. Die oben definierten Kriterien sind immer nur im Einzelzusammenhang der verschiedenen linearen Verzweigungen über die ganze Struktur verteilt, d. h. dunkle Teile können direkt neben hellen und an verschiedenen Orten stehen usw. Die Intervalle von Teil zu Teil und zwischen den Verzweigungen ergeben sich zufällig, die offenen Distanzen stehen in keinem Zusammenhang aller Teile zueinander.

Da die Anzahl der definierten Kriterien meist in mehr als nur zwei Kontrastrichtungen besteht, müssen zwangsläufig in horizontaler wie vertikaler Richtung mehrere Beziehungen parallel verlaufend zusammengefasst werden. Die möglichen, wechselweise sich überlagernden Kombinationen der Kriterien, wie z. B. hell/dunkel – einteilig/mehrteilig – wenig/viel oder einfach/kompliziert – statisch/dynamisch usw. müssen durchgearbeitet und koordiniert werden. In vielen zeitaufwendigen Versuchen wird durch Auslegen, Vergleichen und Verschieben der Teile die klarste Ordnung aller Beziehungen gesucht. Erste Versuche sind meist sehr undifferenziert, für alle Beteiligten frustrierend und dem Schema III sehr ähnlich. In dem

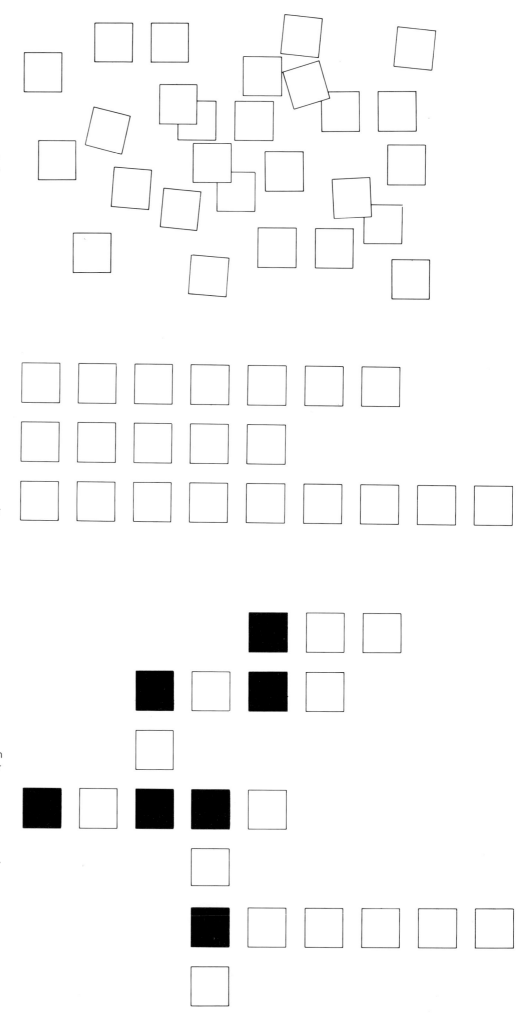

Masse, wie sich während dieser Arbeitsprozesse die Erkenntnis möglicher Zusammenhänge differenziert, werden feinere Unterschiede bewusst wahrgenommen und Mängel entdeckt. Jeder Ordnungsversuch beinhaltet so die Frage nach weiterer Differenzierung und wird zum Vergleich in skizzenhaften Schemata festgehalten. Die Dimension der zu findenden Ordnung wird durch das kleinste Intervall, der Differenzierung von zwei Teilen bestimmt (zumindest theoretisch) und ist dadurch in jeder Richtung offen. Jedes einzelne Teil bildet den Schnittpunkt der horizontalen wie vertikalen Beziehung zu allen Teilen. Die sich aus dem Intervall ergebenden offenen Stellen stehen in diesem Zusammenhang und könnten ergänzt werden.

Durch unklare Definition oder ungenügende, grobe Differenzierung in der ersten Übungsphase, bedingt aus der begrenzten Anzahl der ursprünglichen Lösungsmöglichkeiten, resultieren Variationen, welche nicht auf einer Ebene mit allen anderen in Beziehung gebracht werden können. Dies bedingt das Arbeiten auf weiteren Ebenen, die sich untereinander in dreidimensionaler Richtung beziehen (schraffierte Teile in Schema IV).

Aus letzterem Sachverhalt lässt sich die Hypothese einer möglichen Synthese aller zu Ordnungen bezogenen Teile der verschiedenen gestalterischen Eingriffe in einer offenen Beziehungsstruktur mit drei Dimensionen ableiten; zudem alle Teile mit gleichen Voraussetzungen und vom gleichen Ausgangspunkt erarbeitet werden.

Aus der gefundenen Ordnung wird eine der Reihen in horizontaler oder vertikaler Richtung ausgewählt und im Gesamtzusammenhang vervollständigt. Da im bisherigen Arbeitsverlauf rein formal-ästhetische und rhythmische Aspekte nur sekundär von Bedeutung waren, sind diese Reihen in dieser Beziehung relativ grob und unvollkommen.

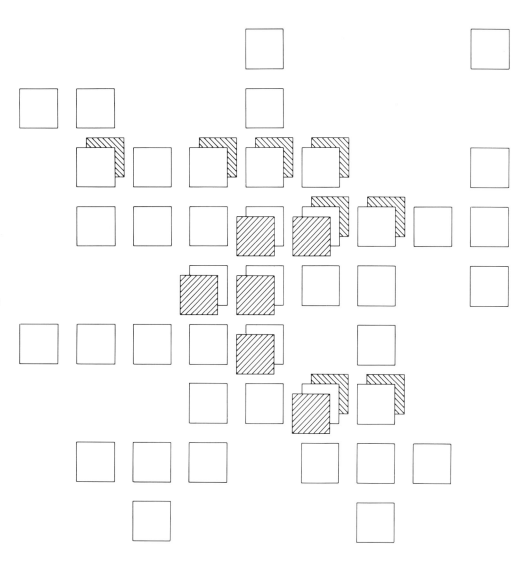

In der vierten Übungsphase sollen nun die Intervalle und die Beziehungen der Reihenteile untereinander sowie die Detailformen der Streifen innerhalb eines Teiles und von Teil zu Teil unter logischen und qualitativen Gesichtspunkten differenziert werden. Für die Bestimmung der Intervallgrösse zwischen den Teilen und den Detailformen untereinander sowie zur Kontrolle der Differenzierungsprozesse bilden drei Teile die kleinste Einheit (Schema V), d. h. Teil I verhält sich zu Teil II wie Teil II zu Teil III und zum Ganzen usw. Dabei sollen die sich aus der Ordnung ergebende Anzahl der Teile und die jeweiligen Kriterien beibehalten werden. Vorhandene Unvollkommenheiten dürfen nicht durch zusätzlich eingeschobene Teile (mehr Quantität) verkleinert, sondern müssen durch die zu erarbeitende Qualität der Teile im Ganzen und von Teil zu Teil bewältigt werden. Die entsprechenden Änderungen werden vom Studenten schrittweise meist als Reihenganzes in mehreren Versuchen und vergleichend mit der Ausgangsreihe vorgenommen. In diesem Zusammenhang können mehrere Reihen mit verschiedenen Merkmalen entstehen.

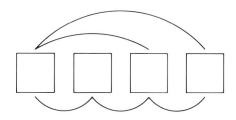

Nebenstehend als Beispiel die vom Studenten I mit allen seinen Variationen gesuchte Ordnung. Die Teile sind in ihrer Beziehung untereinander mit den Kriterien dunkel/hell von oben nach unten, und von links nach rechts mit statisch/dynamisch – wenig/viel – einfach/kompliziert – flach/steil koordiniert.
Diese Ordnung weist in mancherlei Beziehung Unvollkommenheiten auf, so z. B. verläuft der Kontrast einteilig/mehrteilig in vertikaler wie horizontaler Richtung. Ebenso dürfte die Differenzierung der Hell/Dunkel-Beziehung und der Teile mit verschiedenen Schrägen sorgfältiger sein.
Da als Thema für die Variationen zwei eigentlich sehr verschiedene Prozesse gewählt wurden, ergaben sich beim Variieren Teile, welche nicht direkt in die Ordnung einbezogen werden konnten. So die Teile der obersten Reihe und die vier unteren Teile links aussen. Der gestalterische Prozess ist bei beiden Beispielen wiederum verschieden. Oben: Schnitte mit verschiedener Richtung und Verschieben der Formelemente. Links: Nicht parallele Schnitte mit verschiedener Richtung und Herausnehmen von Formelementen. Diese Teile müssten in ihrer jeweiligen Beziehung im Zusammenhang mit der Ordnung aller übrigen Teile auf weiteren Ebenen koordiniert werden. Das erste Beispiel der Teile links befindet sich in der Ordnung und wurde als Koordinationshilfe für diese Teile angenommen. Die oberste Reihe würde teilweise die dunkeln Teile der Ordnung überlagern. Diese Reihe wurde zur weiteren Differenzierung bestimmt.

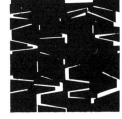

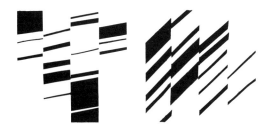

Die nebenstehenden Beispiele dokumentieren die vierte Übungsphase mit der vom Studenten I gewählten Reihe. Diese ist oben in der Abfolge der Teile aus der Ordnung dargestellt. Die Teile sind in der Dunkelheit ungleich, in Anzahl und Ablauf der Formelemente sowie der Winkelveränderung von Teil zu Teil nicht homogen verlaufend. Durch spontanes spielerisches Suchen hat dieser Student bei einzelnen Teilen in mehreren Schritten rein gefühlsmässig versucht, die Mängel und die Intervalle auszugleichen. Die zustandegekommene Reihe ist unten dargestellt. Ihre Teile weisen ungefähr die gleiche Dunkelheit auf. Die Winkelveränderung der Formelemente von Teil zu Teil verläuft relativ gleichmässig. Die Anzahl der Elemente in den einzelnen Streifen von Teil zu Teil ist unausgeglichen und steht in keinem ablaufenden Zusammenhang. Der sechste Teil der Reihe konnte offensichtlich nicht gelöst werden.

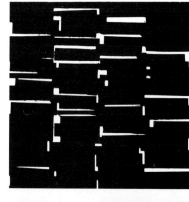
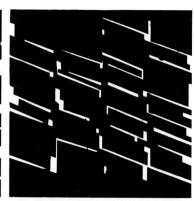

Die Realaufnahmen zeigen Erläuterungen an der Wandtafel zur Beziehungsstruktur der Ordnung und der Differenzierung der Reihen sowie die vergleichende Arbeitsweise der Studenten beim Ordnen ihrer Teile zueinander.

Die nebenstehenden Lösungsmöglichkeiten des Studenten II weisen im Vergleich zu denen vom Studenten I aus der ersten Übungsphase verschiedenere gestalterische Eingriffe auf. So sind z. B. verschiedene Möglichkeiten des Reissens, Faltens und diese kombiniert mit Umklappen gefunden worden. Das erste, dritte und vierte Beispiel der oberen Reihe zeigen keine klaren Eingriffe und sind eigentliche Kompositionen von sich konfrontierenden Streifenelementen. Die beiden Beispiele rechts aussen sind der als Formmodell zur Variation bestimmte Prozess – schräge Schnitte und Herausnehmen der sich ergebenden Elemente.

Aus diesen drei Abbildungen ist die Arbeitstechnik, das sorgfältige Schneiden und Aufkleben der Streifen ersichtlich.

Unter diesen vom Studenten II von seinem Thema abgeleiteten Variationen sind Beispiele, welche bei einer genaueren Definition dem Thema nicht entsprechen. So das fünfte Beispiel der dritten Reihe mit einfachem Schräganschnitt und alle Variationen wie das erste Beispiel der zweiten Reihe mit zweifachem Schräganschnitt. Bei einer grösseren Differenzierung der ersten Übungsphase sind die beiden Prozesse verschieden mögliche Lösungen. Das Schema unten zeigt die mit den nebenstehenden Teilen gefundene Ordnung und die Lage der zur Vervollständigung bestimmten Reihe.

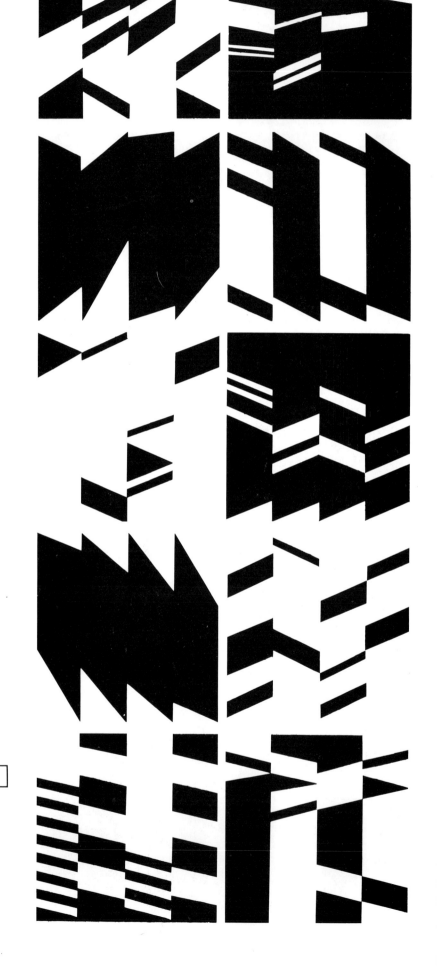

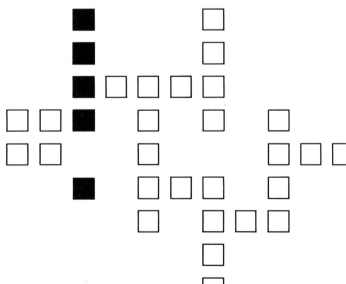

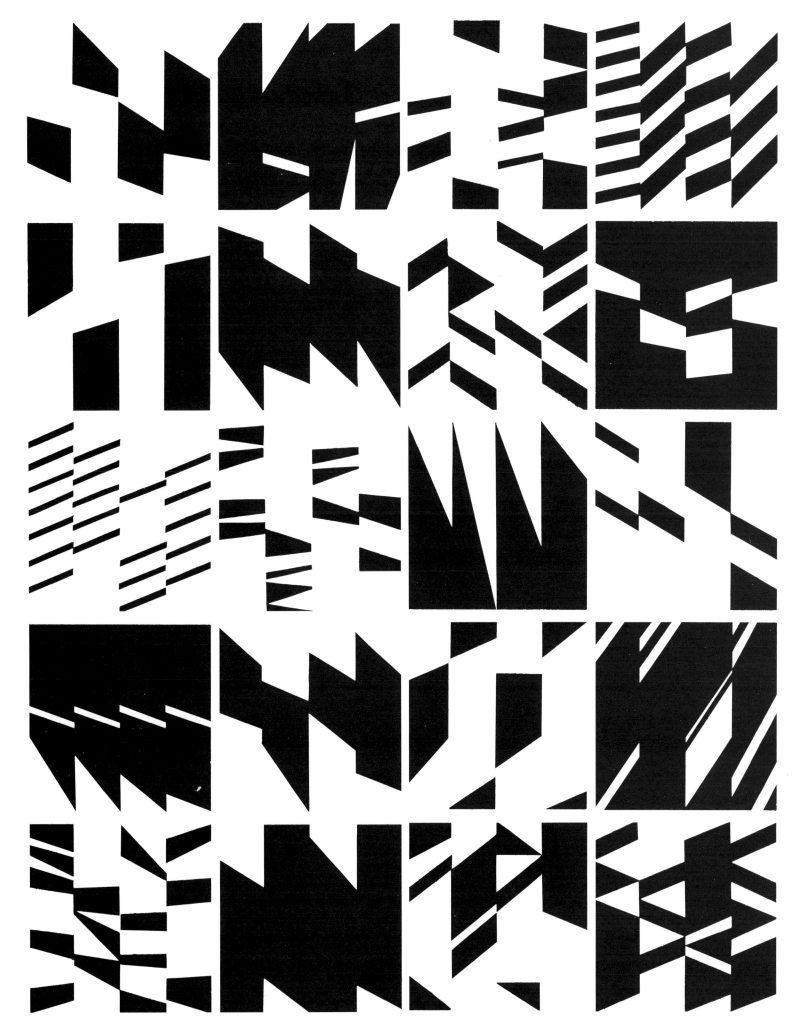

Bei der seiner Ordnung vom Studenten II entnommenen und oben abgebildeten Reihe ist das Intervall der Hell/Dunkel-Stufung der Teile als Ganzes annähernd ausgeglichen. Die Hell/Dunkel-Beziehung, die Anzahl und Art der Formelemente der einzelnen Streifen von Teil zu Teil steht in keinem Zusammenhang. In dieser Hinsicht erscheint die mittlere Reihe optisch ausgeglichen. Vergleicht man die einzelnen Formen in den Streifen von Teil zu Teil, ergibt sich kein zusammenhängender Ablauf. Mit einer geringfügigen Verschiebung im Hell/Dunkel der Reihenteile als Ganzes ist in der unteren Reihe jedes Formelement der einzelnen Streifen von Teil zu Teil in eine klare Beziehung gebracht worden. Der Differenzierungsprozess ist im Vergleich zu dem des Studenten I in der vierten Phase konsequenter.

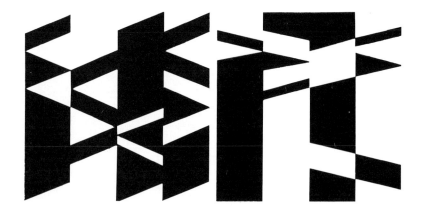

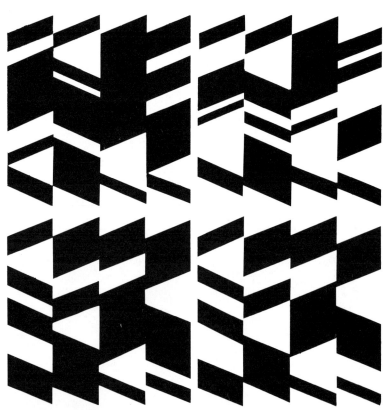

Die Realaufnahmen geben Einblick in verschiedene Arbeitsplätze, die vergleichende Arbeitsweise beim Differenzieren der Reihenteile verschiedener, gestalterischer Prozesse.

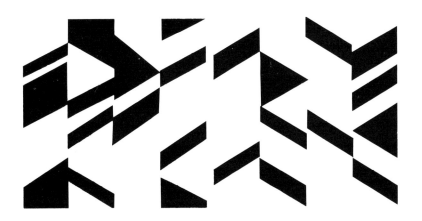
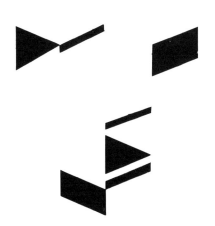

Nebenstehend die Beispiele der möglichen Lösungen des Studenten III aus der ersten Übungsphase. Die wie herausgeschnittene Dreiecke wirkenden Formen des sechsten Beispiels der oberen Reihe und der des ersten in der zweiten Reihe haben sich durch Falten ergeben. Ausserdem sind die gestalterischen Eingriffe des vierten sowie des fünften Beispiels der oberen Reihe mehrmals variiert. Das unten rechts dargestellte Thema zur Variation, das mehrteilige Herausnehmen sich aus horizontalen Schnitten ergebender Formelemente, ist eindeutig.

Wie bei den Beispielen des Studenten II aus der zweiten Übungsphase befinden sich unter den Variationen des Studenten III Teile, welche dem gewählten Thema nicht entsprechen. So sind alle Teile mit verschobenen, schräg gestellten Formelementen Variationen einer weiteren möglichen Lösung. Alle nebenstehenden Beispiele sind rhythmisch subtil variiert. Unten: Das der gefundenen Ordnung entsprechende Schema mit der Lage der für die vierte Übungsphase entnommenen Reihe.

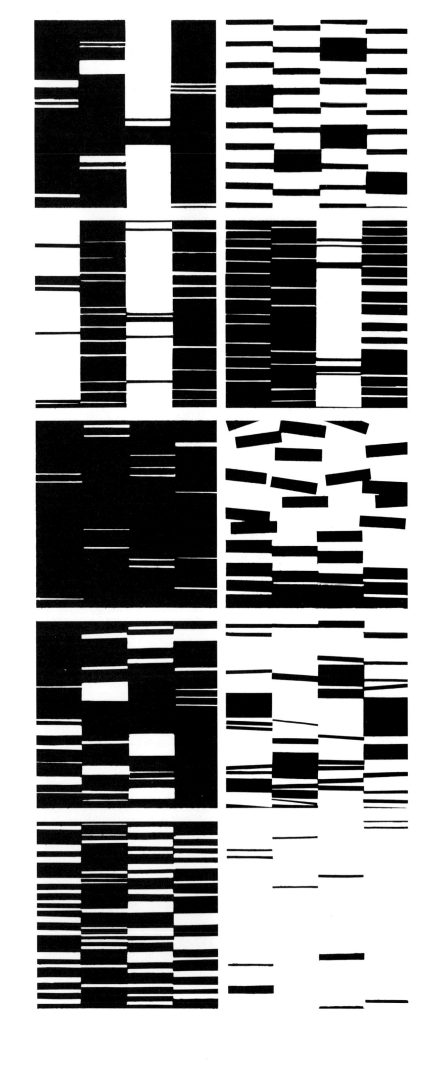

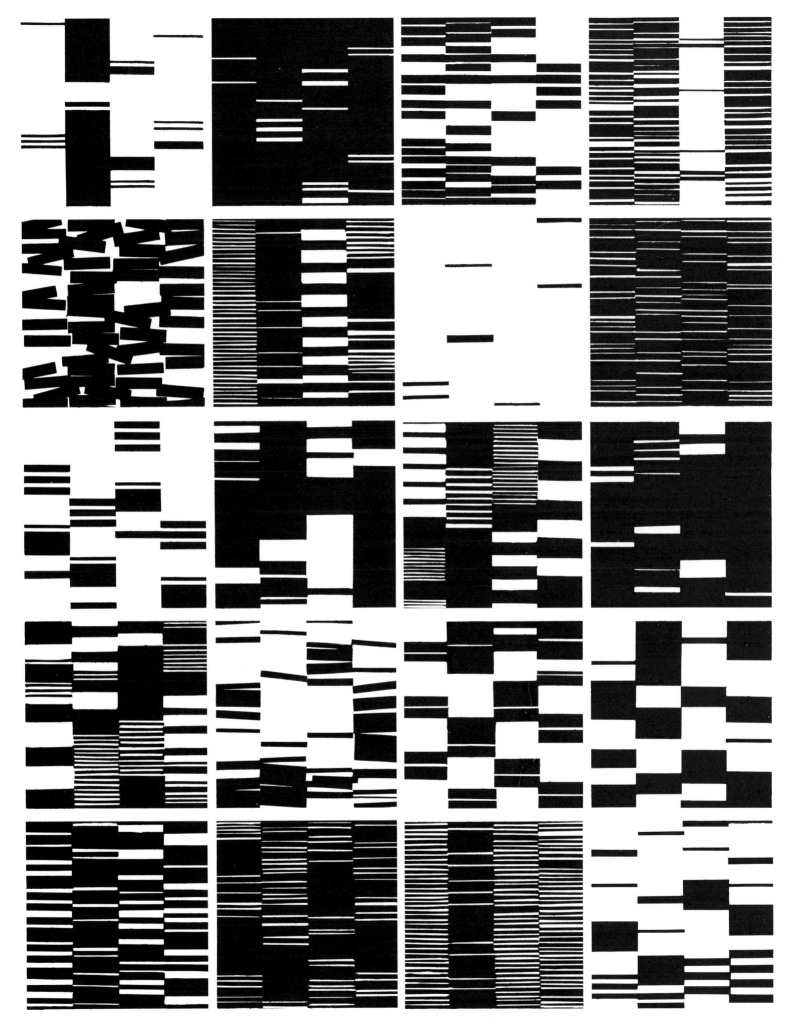

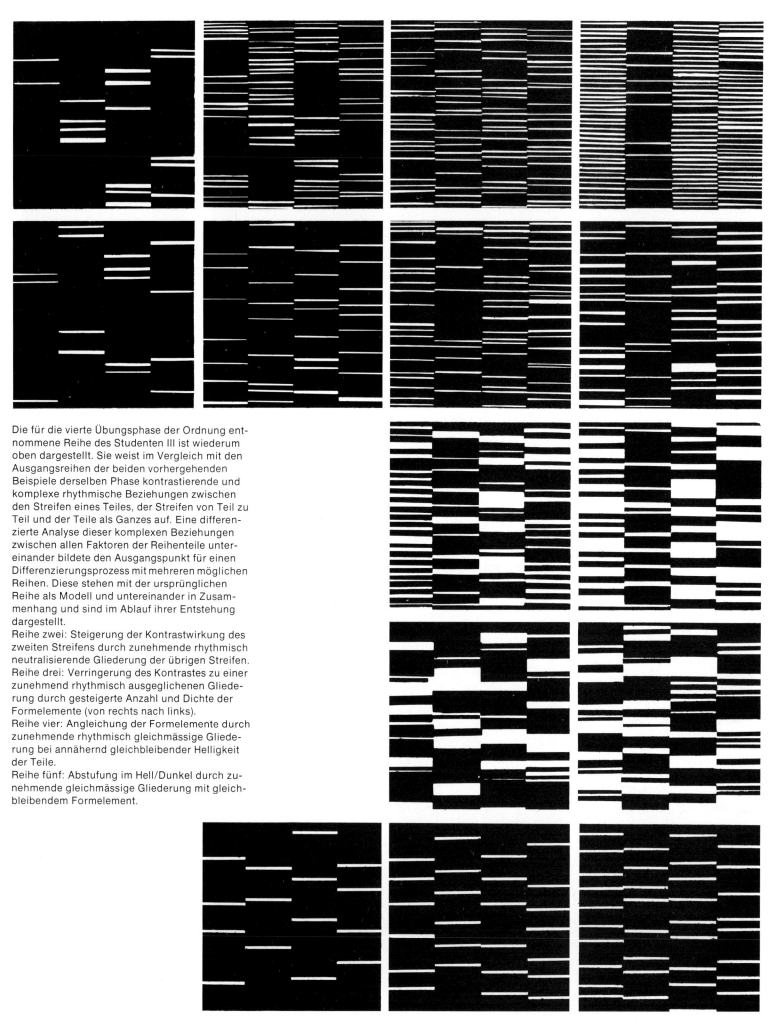

Die für die vierte Übungsphase der Ordnung entnommene Reihe des Studenten III ist wiederum oben dargestellt. Sie weist im Vergleich mit den Ausgangsreihen der beiden vorhergehenden Beispiele derselben Phase kontrastierende und komplexe rhythmische Beziehungen zwischen den Streifen eines Teiles, der Streifen von Teil zu Teil und der Teile als Ganzes auf. Eine differenzierte Analyse dieser komplexen Beziehungen zwischen allen Faktoren der Reihenteile untereinander bildete den Ausgangspunkt für einen Differenzierungsprozess mit mehreren möglichen Reihen. Diese stehen mit der ursprünglichen Reihe als Modell und untereinander in Zusammenhang und sind im Ablauf ihrer Entstehung dargestellt.
Reihe zwei: Steigerung der Kontrastwirkung des zweiten Streifens durch zunehmende rhythmisch neutralisierende Gliederung der übrigen Streifen.
Reihe drei: Verringerung des Kontrastes zu einer zunehmend rhythmisch ausgeglichenen Gliederung durch gesteigerte Anzahl und Dichte der Formelemente (von rechts nach links).
Reihe vier: Angleichung der Formelemente durch zunehmende rhythmisch gleichmässige Gliederung bei annähernd gleichbleibender Helligkeit der Teile.
Reihe fünf: Abstufung im Hell/Dunkel durch zunehmende gleichmässige Gliederung mit gleichbleibendem Formelement.

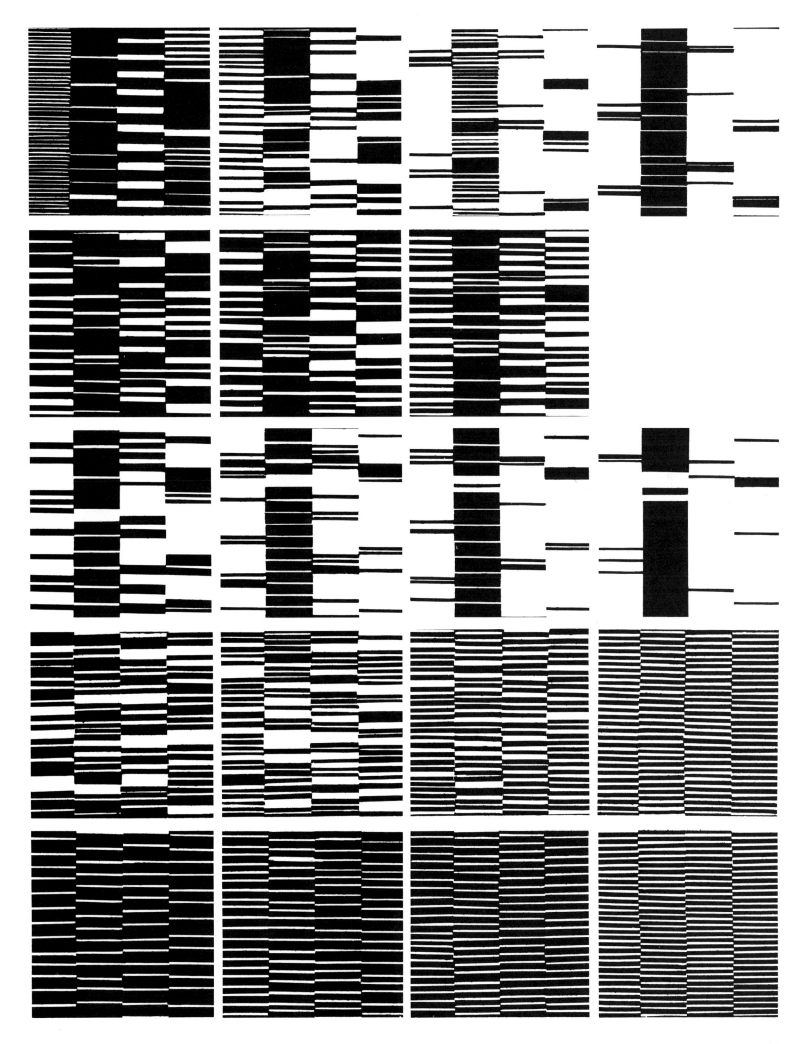

Die vorausgehenden Beispiele der einzelnen Übungsphasen von drei Studenten und formal ähnlichen gestalterischen Prozessen sind im Differenzierungsprozess der vierten Phase, den individuellen Fähigkeiten entsprechend, unterschiedlich. Im Vergleich dazu geben die nebenstehend abgebildeten Reihen, von formal verschiedenen gestalterischen Prozessen ausgehend, wiederum nur andeutungsweise einen Einblick in die mögliche Breite der graphischen Erscheinungsformen durch die Differenzierungsprozesse des vorliegenden Übungsmodells.

Die verschiedene Intensität und Komplexität dieser Reihen in der Beziehung der Intervalle zwischen Detailformen und der Teile als Ganzes ist durch den jeweiligen gestalterischen Eingriff, die differenzierte Definition der Kriterien und ihrer Beziehung in der erkannten Ordnung bestimmt. Durch diesen Rückbezug wird dem Studenten die Bedeutung und Abhängigkeit aller gestalterischen Entscheidungen aus dem Zusammenhang aller Faktoren bewusst. Die nicht bearbeiteten Gebiete können so durch Analogieschlüsse erfasst werden.

Der konstante Differenzierungsprozess durch In-Frage-Stellen und Vergleichen, das Definieren von Kriterien aus dem manuell-visuellen Arbeitsprozess, das Erkennen von Zusammenhängen, das Koordinieren und Rückbeziehen aller Faktoren innerhalb überschaubarer, elementarer Voraussetzungen sensibilisiert das gestalterische Vorstellungsvermögen und Bewusstsein für komplexe visuell-konzeptionelle Gestaltungs- und Denkprozesse der Kommunikation, für grundlegendes Denken und Planen in grösseren Zusammenhängen.

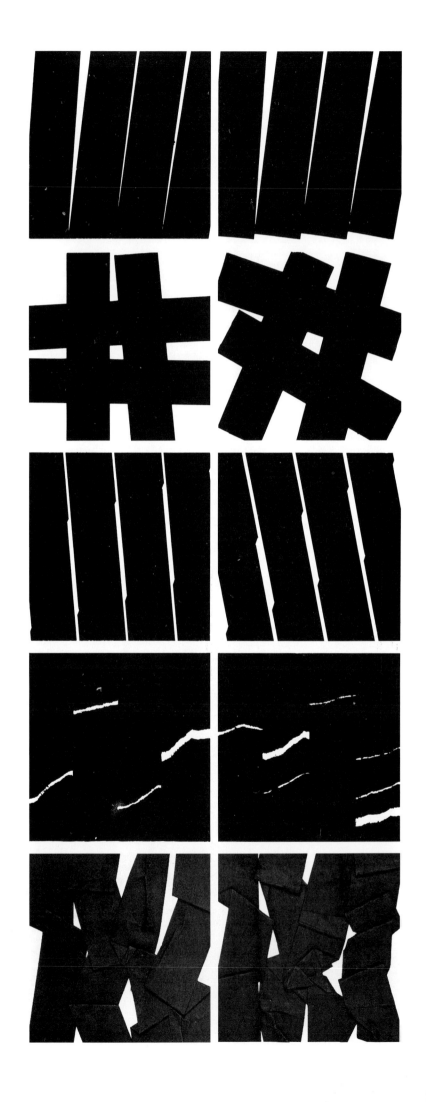

Die Erfahrungen und Erkenntnisse aus dem vorausgehenden Übungsmodell sollen in den folgenden Übungen bei einem Wechsel der Mittel und Arbeitstechnik angewendet werden.
Den Ausgangspunkt dieser Übung bilden zehn Linien gleicher Dicke und in festgelegtem, regelmässigem Intervall sowie ein Quadrat als Format. Als erstes ist diese Liniengruppierung als Grauwert in dem Format horizontal anzuordnen, zu komponieren.
Von dieser Situation ausgehend, sollen Reihen mit fünf oder mehr Teilen in zusammenhängendem Ablauf der gestalterischen und formalen Beziehung entwickelt werden. Die vorher in einzelne Phasen gegliederten Entwurfs- und Differenzierungsprozesse sind nun parallel verlaufende, d. h. sich wechselweise gleichzeitig betreffende Vorgänge.
Das Entwerfen mit der Reissfeder, Tusche, Reissschiene und Winkel bedingt handwerklich-technische Disziplin und Konzentration für eine klare, saubere Darstellung. Jede gestalterische oder manuelle Unsicherheit wirkt sich unmittelbar in der Darstellung aus, d. h. eine einmal gezogene Linie steht auf dem Papier, kann nicht mehr verschoben werden. Eine Veränderung oder Korrektur ist nur durch das Wiederholen der Arbeit möglich.

Die nebenstehend abgebildeten Reihen sind die Resultate aus vielschichtigen Entwurfs- und Arbeitsprozessen von fünf verschiedenen Studenten. Das oben abgebildete Beispiel der Ausgangssituation, das durch die Liniengruppe gegliederte Quadrat, ist der Ausgangspunkt zur zweiten Reihe.

68

Eine weitere Differenzierung der Erfahrung und Erkenntnisse der vorausgegangenen Übungen ergibt sich durch die von verschiedenen Voraussetzungen ausgehenden Entwurfsprozesse unter Beibehaltung der jeweiligen Mittel und Arbeitstechnik. Die nebenstehenden Reihen vermitteln einen Einblick in die vielfältigen Möglichkeiten und sind Arbeitsergebnisse verschiedener Studenten aus alternativen Übungen.
Als weiterer Schritt zeigen die Beispiele der letzten Seite andeutungsweise unter elementaren Voraussetzungen das Umsetzen dieser Gestaltungsprozesse in andere Medien, so der Typographie, der Räumlichkeit oder des Materials.

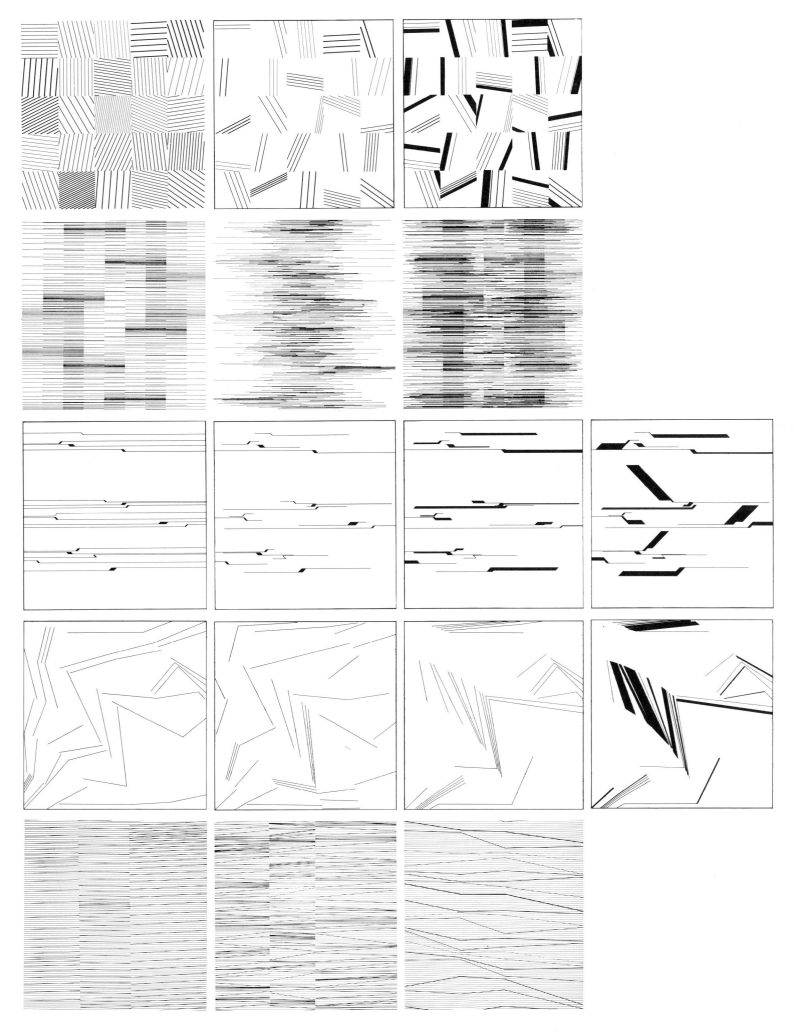

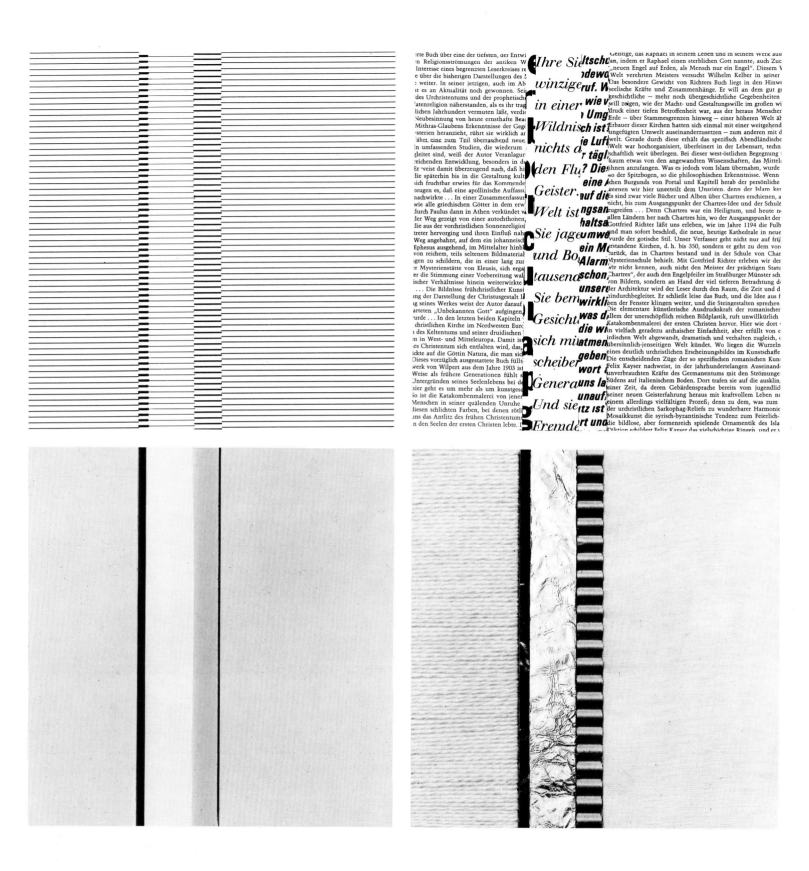

Räumliches Gestalten

Durch alltägliche Konfrontation mit unserer Umwelt werden die Erlebnisfähigkeit und das Bewusstsein für räumliche Ereignisse abgeschwächt. Die Ziele der elementaren und experimentellen Auseinandersetzung dieses Faches sind daher bewusstes Wahrnehmen, Entdecken und Erleben räumlicher Objekte, Formen und Strukturen, die dreidimensionale Umsetzung durch gestalterische, handwerklich-technische Aktionen und deren Funktion.

Der Arbeitsprozess zur Herstellung eines räumlichen Objektes ist vielschichtig und erfordert viel handwerklichen und technischen Aufwand. Die Materialien, die Vielfalt der technischen Mittel und Verarbeitungsweisen verlangen klare Zielsetzungen für die gestaltende Bearbeitung. Durch vergleichbare und möglichst objektive Voraussetzungen werden die gestalterischen Möglichkeiten und Kriterien, den Fähigkeiten der Studenten entsprechend, im dreidimensionalen Bereich entdeckt, analysiert und differenziert.

Die gegebenen Arbeitsthemen und Materialien werden in breitem Experiment auf Formbarkeit und technische Verarbeitung erprobt.

Die gestalterischen Ideen und Aussagemöglichkeiten zur Weiterbearbeitung werden aus dem Vergleich dieser Ergebnisse definiert und präzisiert.

Die Realisation der Objekte wird mit den jeweiligen Materialien und den entsprechenden Arbeitstechniken in mehreren Versuchen entwickelt. Die Wechselbeziehungen zwischen dem korrekten Einsatz der handwerklich-technischen Mittel und dem gestaltenden Ordnen der Volumen, Formen und Rhythmen zu einer spannungsvollen Einheit werden erarbeitet. Willkürlichkeiten sollen dabei vermieden werden.

Die Veränderung, die Wirkung der erarbeiteten «Form» durch das Umsetzen in verschiedene Materialien und die entsprechenden Verarbeitstechniken (z. B. Guss und Widerguss) eröffnet neue technische und gestalterische Aspekte und Erlebnisse.

Die Erfahrungen, Erkenntnisse und Kriterien aus diesen Prozessen ermöglichen Rückschlüsse zum gesamten Arbeitsablauf und für erneute, verfeinerte Auseinandersetzung. Sie werden in neue Zielsetzungen integriert.

Neben den herkömmlichen Werkstoffen Tonerde, Gips, Holz usw. werden «moderne Materialien» wie Silikon, Polyester oder Acrylglas in die Auseinandersetzung einbezogen.

**Elementare Mittel, der elastische Werkstoff Tonerde, Hand und Finger sowie Kraft, bilden die Ausgangslage zu ersten dreidimensionalen Untersuchungen. Durch spielerisches Beobachten sollen die vielen Möglichkeiten der Hand-Fingerposition entdeckt werden, welche anstelle von Werkzeugen als Formstempel dienen. In elementaren Aktionen durch Zug-, Druck- oder Torsionsbewegungen mit der entsprechenden Hand-Fingerposition werden die vielfältigen Möglichkeiten der Verschiebung oder Deformation des Werkstoffes und die Wirkung von Kraft dreidimensional sichtbar. Mit einer dieser spontan entstandenen Möglichkeiten, organischen Formelementen, wird eine klar geordnete, rhythmische Flächenstruktur von konkaven und konvexen Formen erarbeitet. Die kontrastierende, räumliche Wirkung der Gegenform dieser Arbeitsergebnisse wird durch Abgüsse mit Gips, Blei oder anderem Material sichtbar und vergleichbar. Durch diese extremen Materialwechsel werden die gestalterischen Ausdrucksmöglichkeiten in der entsprechenden Wahl der Werkstoffe und deren Eigenschaften erfahren.
In einem weiteren Teil dieser Übung sollen geeignete Objekte, Werkzeuge im Formkontrast zu den Hand-Fingerpositionen gefunden und als Formstempel verwendet werden. Damit entstehen kontrastierende, meist geometrisch wirkende, Formelemente die durch den rhythmischen Deformationsprozess organische Verbindungen aufweisen.**

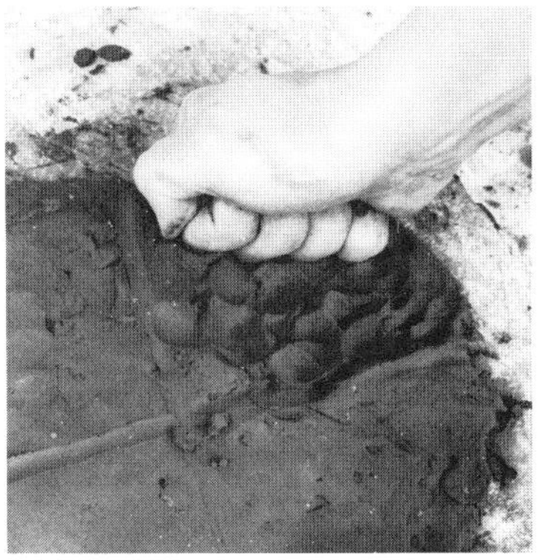

Die nebenstehenden Abbildungen zeigen in ersten Deformationsversuchen entstehende Formelemente mit verschiedenen Hand-Fingerpositionen und Werkzeugen als Formstempel.

Die Abbildungen der oberen drei Reihen zeigen von links nach rechts den Arbeitsablauf und Aufbau zu klar geordneten Flächenstrukturen. Das Einschalen der in Tonerde erarbeiteten Ergebnisse, der Abguss mit Gips und das Ausbauen der Gegenform sowie die kontrastierende Wirkung durch den Materialwechsel sind aus den beiden unteren Reihen ersichtlich.

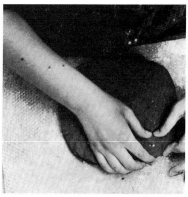

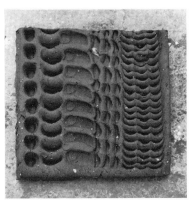

Die Abbildungen zeigen von links nach rechts vier Arbeitsabläufe mit verschiedenen Werkzeugen als Formstempel und in der zweiten und vierten Reihe rechts die jeweilige Gegenform in Gips. Die untere Reihe dokumentiert den Bleiguss.

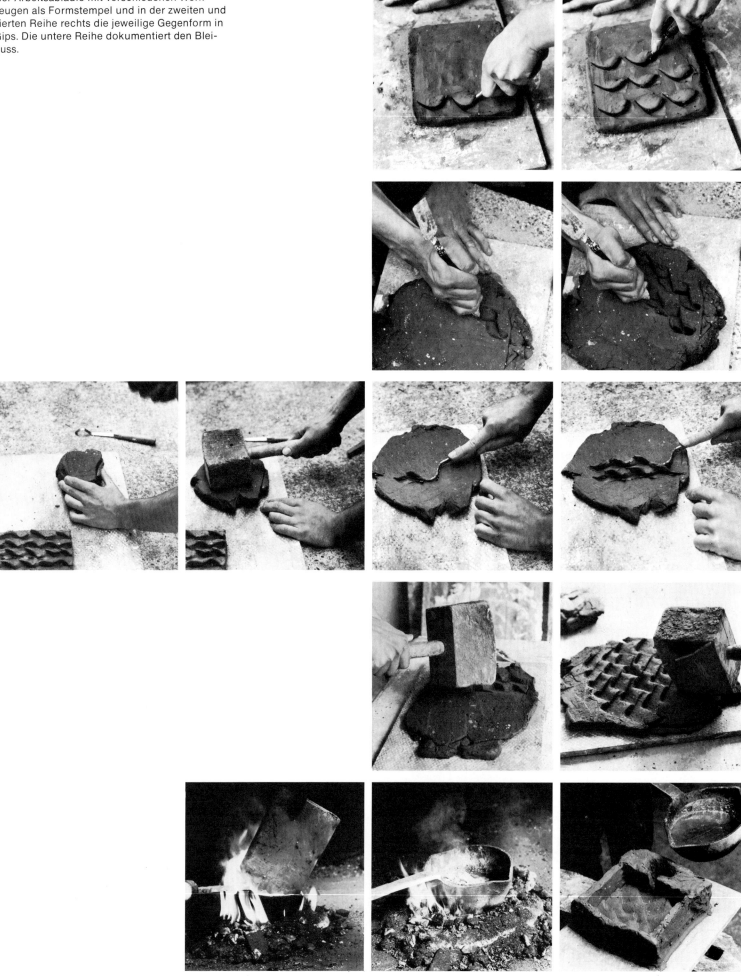

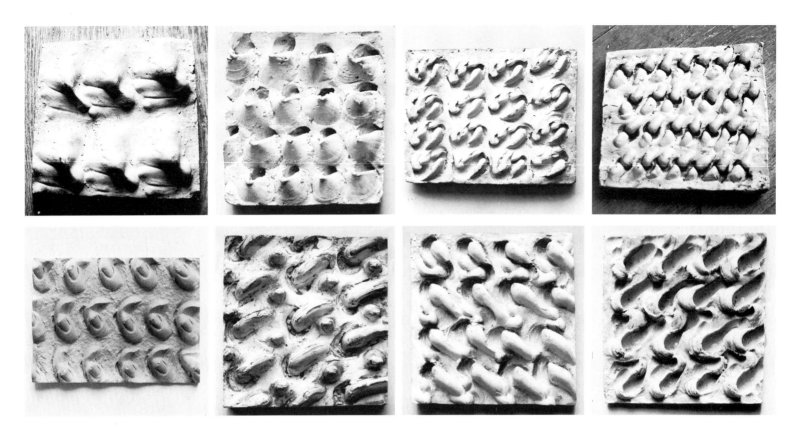

Die abgebildeten Beispiele zeigen oben: Arbeitsergebnisse in Gips mit jeweils klar gegliederten Formelementen durch verschiedene Möglichkeiten der Hand-Fingerposition und zum Vergleich unten: mit verschiedenen Werkzeugen durchgeformte, in Gips und Blei gegossene Flächenstrukturen.

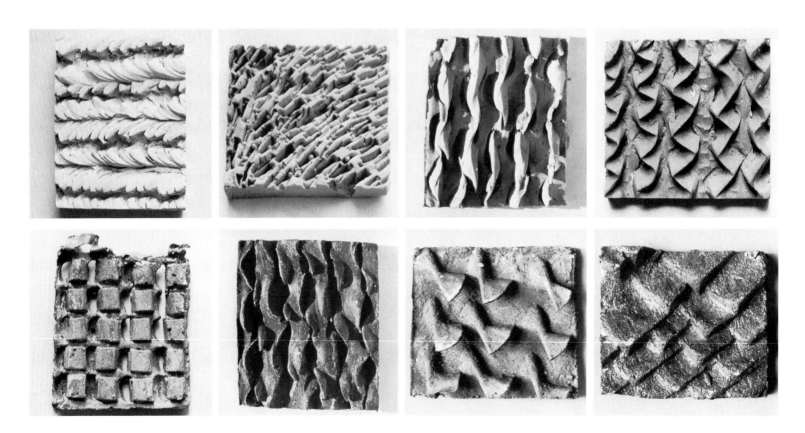

Wie bei der vorgängig gezeigten Problemstellung wird ein Formträger, in diesem Fall volumenloses flaches Papier, anstelle der Tonerde mit der Hand als elementares Werkzeug verformt. Durch spielerisch-zufällige Falzungen, Zerknitterungen, deren Kombinationen, ergeben sich unzählige Möglichkeiten der Deformation und graduell verschiedene räumliche Wirkungen. Auf diese entdeckten Papier-Formmodelle wird Gips aufgetragen. Die Deformationserscheinungen sind durch den Gipsabguss fixiert, das Papier entfällt. Eines der so gefundenen Deformationselemente (Formplatten) soll nun zu einer Komposition mit klaren progressiv-regressiven Abstufungen räumlich intensiviert werden. Das kontrollierte Erarbeiten der entsprechenden Formplatten in oft mehreren Versuchen bedingt subtiles, konzentriertes Beobachten und klare Formvorstellung. Durch den Vergleich der entstandenen Formplatten werden mit Schablonen die einzelnen Teile und deren Format zum Aufbau der abgestuften Struktur bestimmt. Fehlende oder unklare Formelemente werden durch erneut zu erarbeitende Formplatten ergänzt oder ersetzt. Die zugeschnittenen Teile werden zur definitiven Struktur zusammengefügt und mit Gips zur Stabilisierung hintergossen. Anschliessend werden an diesen Formmodellen aus Gips durch Abgüsse mit Kunststoffmaterialien deren werkgerechte Anwendungsbereiche und Verarbeitung vermittelt sowie die sich durch den Materialwechsel ergebende andersartige Wirkung ersichtlich. Die am Gipsmodell vorhandenen Hinterschneidungen bilden durch die Herstellung eines elastischen Negatives mit Silikon-Kautschuk-Masse keine Entformungsprobleme. Für den Positivabguss von diesen Silikon-Negativen wird Polyester verwendet, der zudem unterschiedlich eingefärbt werden kann.

Die nebenstehenden Abbildungen zeigen verschiedene, durch mehr oder weniger zufällige Falz- und Knitterungen entdeckte Deformationserscheinungen an dem ursprünglich volumenlosen Papier.

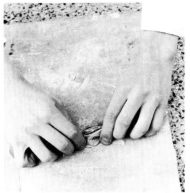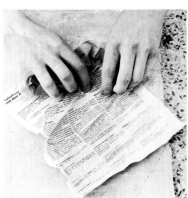

Von links nach rechts sind in den oberen drei Reihen der Deformationsprozess, das Fixieren des Papier-Formmodelles durch Auftragen von Gips dargestellt. Das anschliessende sorgfältige Entfernen des nun überflüssigen Papieres wird in der vierten Reihe am Deformationselement aus Reihe drei gezeigt. Um das Papier leichter von der entstandenen Gips-Formplatte lösen zu können, wird es vor der Verformung mit Bodenwachs behandelt (s. Abb. oben links). In der unteren Reihe sind verschiedene Formplatten aus ersten Versuchen abgebildet, welche den Ausgangspunkt zu den zu erarbeitenden progressiv-regressiven Abstufungen bilden.

Die abgebildeten Beispiele von Formplatten mit teilweise differenziert abgestuften Formelementen wurden von mehreren Studenten unabhängig voneinander erarbeitet. Sie sind, die untere Reihe ausgenommen, auf dieser Doppelseite so dargestellt, dass sich graduell-räumliche Beziehungen der Formelemente horizontal wie vertikal ergeben. Aus der unteren Reihe wird das ergänzende Erarbeiten von Formplatten, differenzierten Formelementen ersichtlich.

  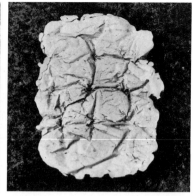

Von links nach rechts zeigen die Abbildungen reihenweise von oben nach unten:
Drei klar abgestufte Formplattenrohlinge, das Bestimmen der definitiven Formelemente (Deformationsfeld) mit Kartonschablonen zur vorgesehenen Komposition sowie das saubere Zuschneiden dieser Teile.
Das wechselweise kontrollierende Vergleichen von zugeschnittenen Formelementen und Rohformen.

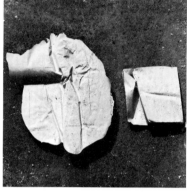

Die vergleichende Folge zugeschnittener Formelemente, wobei die beiden mittleren Stufen wegen ihrer Gleichwertigkeit und der mehr diagonal verlaufenden Formen für die definitive Struktur ausscheiden.
Das Armieren und Stabilisieren der zusammengefügten Teile mit Gips sowie das Einebnen der Kanten mit der Raspel.

Das Erklären der zu verarbeitenden Kunststoffmaterialien, deren Zusammensetzung und Eigenschaften durch den Lehrer, das Einschalen des Gips-Formodelles für den anschliessenden Guss eines elastischen Silikon-Negatives.

Die abgebildeten Beispiele verschiedener Arbeitsresultate von fünf Studenten dokumentieren die mögliche Differenzierung der Deformation und deren räumlich-progressiv-regressive Intensivierung sowie den andersartigen Ausdruck der Strukturen durch den Materialwechsel.

Wurde die Hand bei den vorhergegangenen Übungen als elementares Werkzeug zur Erzeugung von Formmodellen eingesetzt, so dient sie jetzt direkt als Formträger. Wird die Hand, von der ausgestreckten Handinnenfläche ausgehend, bewegt, zusammengedrückt, entstehen Volumenveränderungen, die je nach Bewegungsart verschiedenartig gebildet und graduell differenziert werden können. Die bei spielerischen Bewegungen der Hand durch bewusstes Beobachten entdeckten verschiedenartigen Formen der Volumenerscheinung werden mittels Gipsabguss fixiert und plastisch sichtbar. Dabei wird die dem Material Gips eigene Zustandsveränderung wie flüssig/hart, kalt/warm in der eigenen Hand empfunden. An einem der so entstandenen, meist überraschend bizarr wirkenden Formrohling wird ein bestimmtes Deformationsfeld, Formelement, festgelegt. Diesem Formelement entsprechend soll eine progressiv-regressive Formaddition bei gleichbleibendem Deformationscharakter aufgebaut werden. Der kontrollierte Formungsprozess der herzustellenden Formteile bedingt konzentriertes Beobachten, ständiges Vergleichen der in mehreren Versuchen entstehenden Formrohlinge. Die dem festgelegten Deformationsfeld entsprechend zugeschnittenen, vergleichend zur vorgesehenen Formation bestimmten Teile werden zusammengefügt, armiert und unterschiedlich hoch mit Gips hintergossen. Anschliessend werden wie bei der vorhergegangenen Übung diese Gips-Formmodelle durch Abguss mittels eines Silikon-Negatives in Polyester umgesetzt.

Den nebenstehenden Abbildungen entsprechend, werden an der durch Zusammendrücken unterschiedlich bewegten Handinnenfläche graduell differenzierte Volumenveränderungen beobachtet.

Die Abbildungen dieser und der folgenden Doppelseite zeigen von links nach rechts reihenweise von oben nach unten:
Die verschiedenen aus dem vorhergehenden Beobachten entdeckten Volumenerscheinungen werden mittels Gipsabguss räumlich festgehalten.
Verschiedene einzeln entstandene Formrohlinge, mögliche Formelemente, als Ausgangspunkt zu einer differenziert gestuften Struktur.
Das Festlegen und Zuschneiden des Deformationsfeldes an einem Rohling und diesem entsprechend das vergleichende Erarbeiten weiterer, klar abgestufter Formelemente.
Durch das Vergleichen und Auswechseln der Formteile wird die vorgesehene Struktur mit rhythmisch klarer Stufung gebildet.

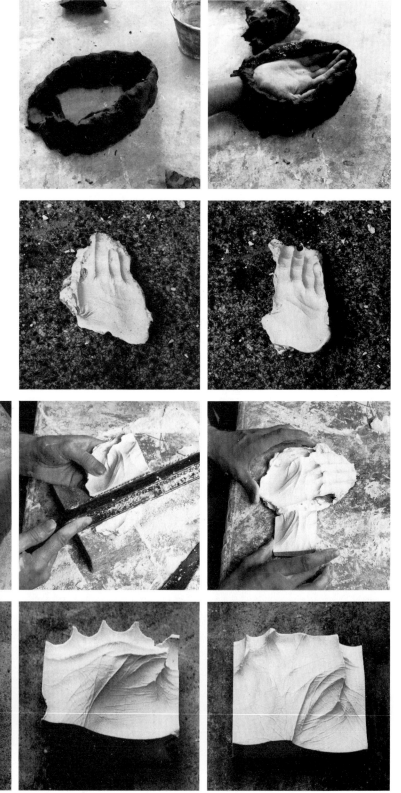

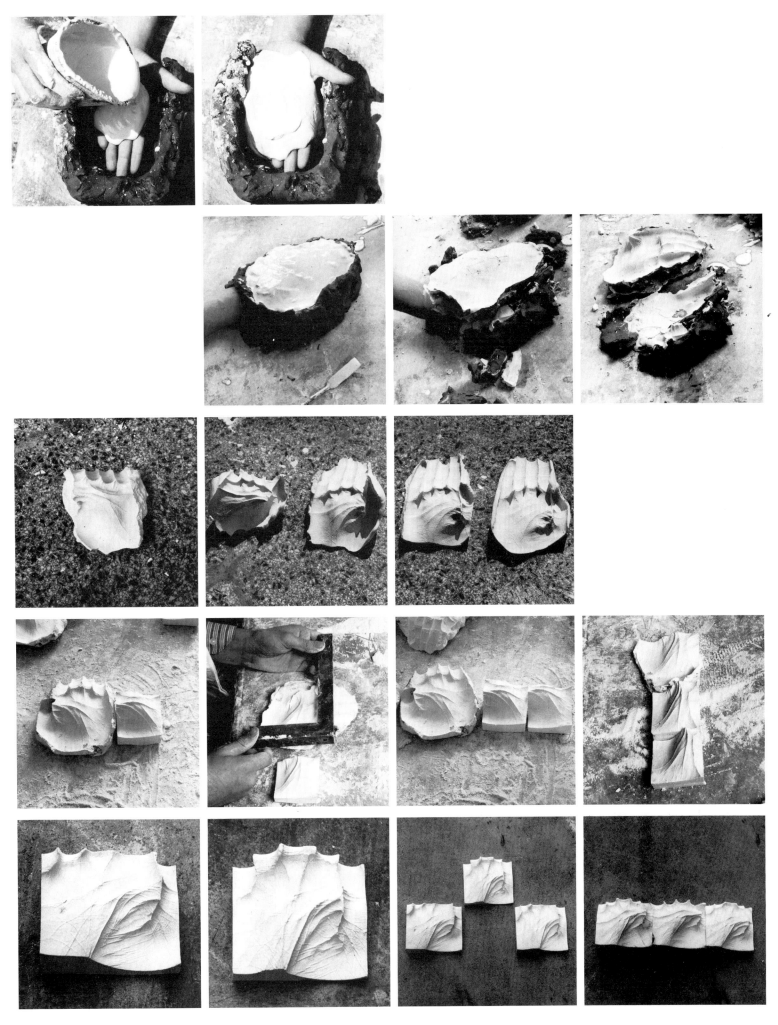

91

Die einzelnen Formteile der Struktur werden zusammenmontiert, auf der Rückseite armiert, unterschiedlich hoch mit Gips hintergossen und entsprechend versäubert.
Aus den unteren drei Reihen werden die Erklärung zur Kunststoffverarbeitung sowie die Arbeitsprozesse bei der Umsetzung dieser Gips-Formmodelle mittels Silikon-Negativ in Polyester ersichtlich.

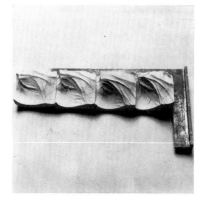

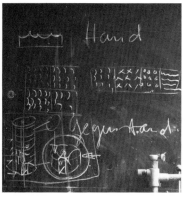

Die mögliche Verschiedenheit der räumlichen Intensität und Aussage wird durch die jeweils sehr unterschiedlichen progressiv-regressiven Abstufungen dieser klar durchgebildeten Resultate in Polyester deutlich.

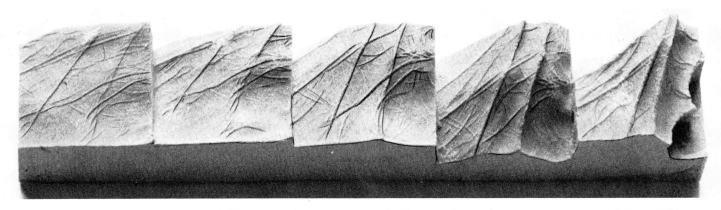

Das bewusste Wahrnehmen der Vorgänge beim Umpflügen eines Ackers, die Entstehung der Ackerfurchen ist Ausgangspunkt und Anregung zu dieser Übung mit Schaumstoff. Das Arbeiten aus der Wahrnehmung sensibilisiert das Verständnis für mögliche Formungs- und Umsetzungsprozesse mit diesem elastischen wie kompressiblen Material durch einfache Krafteinwirkung. Die jeweiligen, spielerisch entdeckten Volumenelemente werden zu einer klar geordneten, rhythmisch spannungsvollen Komposition durchgearbeitet. Die Verformung der Schaumstoffkörper, als Block oder zu- und eingeschnittene Elemente, erfolgt durch Um- oder Niederspannen mit einer Saite. Diese wird an Stehbolzen befestigt, welche in einer Grundplatte der vorgesehenen Kompositionsstruktur entsprechend verschraubt sind. Zur Stabilisierung der unter Spannung stehenden Schaumstoffelemente, Formen, wird deren Oberfläche mit Gips belegt. Dadurch wird der Materialcharakter des Schaumstoffes aufgehoben und die statische Wirkung der erarbeiteten Körper hervorgehoben. Das Belegen der Formoberflächen mit Gips erfordert subtiles, handwerkliches Arbeiten, und zugleich werden dabei die Volumen taktil empfunden. Nach dem Entfernen der eingesetzten Hilfsmittel kann das Objekt belassen oder mit einem eingefärbten Kunststoffüberzug (Polyester) zusätzlich verstärkt werden.

Die nebenstehenden Abbildungen zeigen verschiedene, in ersten Versuchen spontan entstandene Verformungen von Schaumstoffelementen.

Von links nach rechts dokumentieren die drei Reihen von oben das Gliedern der Schaumstoffblöcke und den Arbeitsprozess der Verformung durch Um- oder Niederspannen mit der Saite und deren Befestigung an den jeweiligen Stehbolzen. Das Belegen der Formoberflächen zur Stabilisierung der erarbeiteten Körper, das Versäubern von Kanten und das anschliessende zusätzliche Verstärken der Körper mit einem Polyesterüberzug wird aus den beiden unteren Reihen ersichtlich.

Bei den abgebildeten Beispielen ist der Ausdruck des ursprünglichen Werkstoffes «Schaumstoff» völlig aufgehoben, die räumliche, rhythmische Gliederung der Körper dominiert. Es sind in der Verformung, der Struktur und der Oberflächenbearbeitung differenziert durchgearbeitete Umsetzungen. Durch den jeweils verschieden eingefärbten Polyesterüberzug der Körper ergeben sich unterschiedliche Wirkungen der Lichtreflexion.

  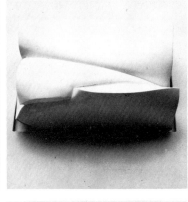 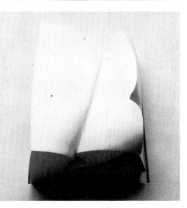

Als Gestaltungsmotive werden bei der folgenden Übung in Beobachtungs- und Wahrnehmungsstudien das Verhalten von Wassermassen unter Kräfteeinwirkung wie Winddruck, Aufprall, Verdrängung usw. analysiert. Die dabei entdeckten Volumenerscheinungen sollen in Tonerde durch Modellieren umgesetzt werden. Die Formelemente müssen aus dem Modellierungsprozess in mehreren Versuchen entwickelt und in einer Komposition, die das rhythmische Kräftespiel des Wassers ausdrückt, geordnet werden. Dabei soll das jeweilige Formelement innerhalb der Komposition seinen Formcharakter nicht verlieren. Der elastische Werkstoff Tonerde und die Anwendung der Auftragetechnik ermöglichen die spannungsvolle, differenzierte Modulierung der Volumen und Oberflächen. Die durchgearbeitete Struktur aus Tonerde kann gebrannt oder durch Abguss in andere Materialien wie Beton, Kunststein, Metall umgesetzt werden. Der dazu nötige Bau eines Negatives, der Giessvorgang und die Freilegung der Form sowie die den jeweiligen Werkstoffen entsprechenden Verarbeitungstechniken eröffnen neue handwerklich-gestalterische Prozesse und Erfahrungen. Die Erstellung eines Gips-Negatives für den Beton- oder Kunststeinguss ist einfach. Dagegen erfordert der Bau hitzebeständiger Negative und der Giessvorgang beim Metallguss bedeutend grösseren handwerklich-technischen Aufwand.

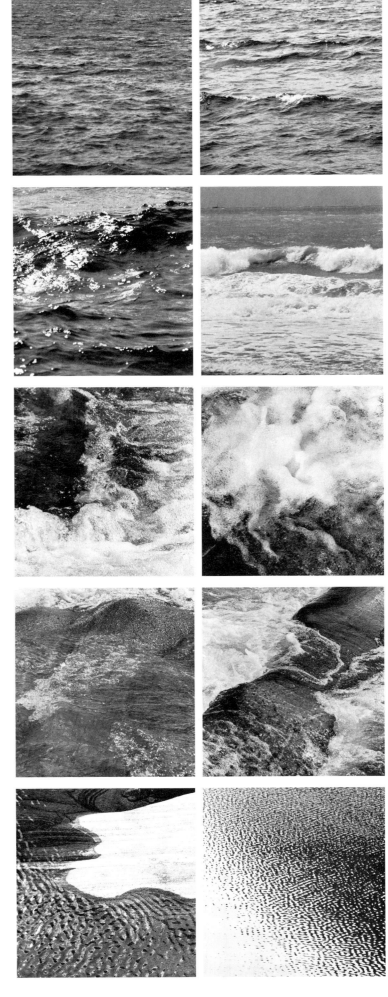

Die nebenstehend abgebildeten Photostudien zeigen einige Beispiele verschiedener Volumenerscheinungen von Wasser, in Beobachtungs- und Wahrnehmungsstadien zu analysierende Gestaltungsmotive.

Die Abbildungen der drei oberen Reihen zeigen von links nach rechts den Aufbau der Formelemente zur räumlichen Komposition aus dem Modellierungsprozess und die durch die Auftragetechnik mögliche Differenzierung der Oberflächen. Der Bau von Negativen für den Abguss in Beton oder Kunststein und Metall, der Giessvorgang, die Freilegung der Form sind in den beiden unteren Reihen dargestellt. Unten links: mittels eines Silikon-Positives können Negativ-Duplikate hergestellt werden.

 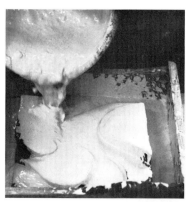  

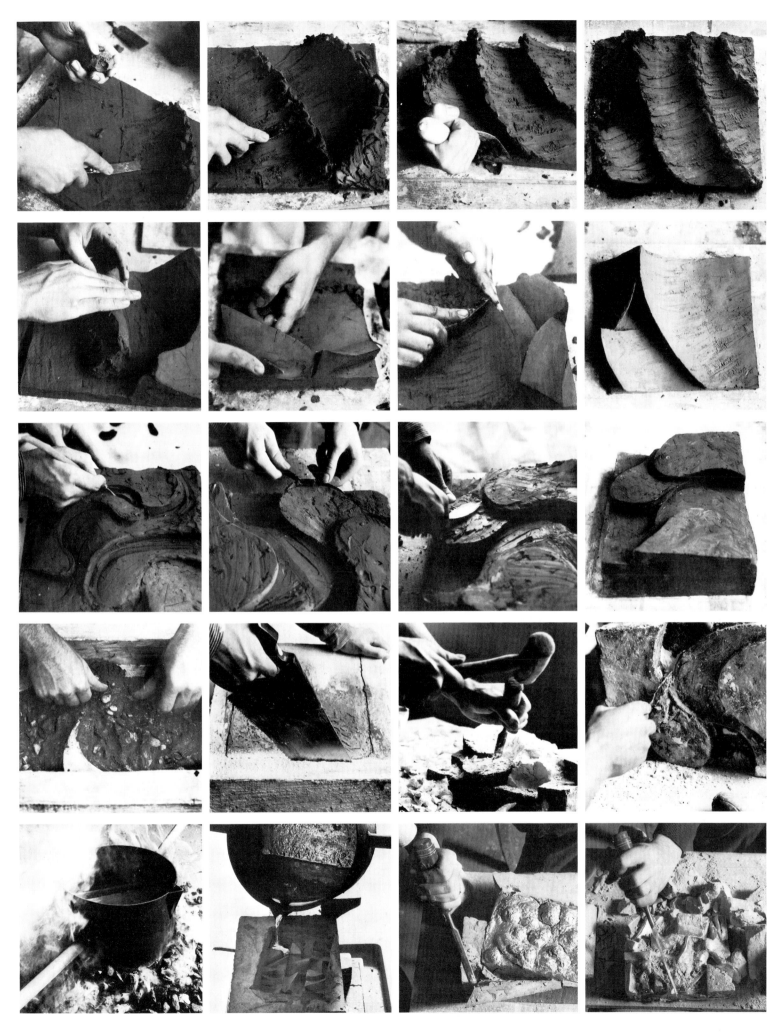

Diese mit verschiedenen Formelementen rhythmisch durchgearbeiteten Ergebnisse dokumentieren die vielen Möglichkeiten der gestalterischen Interpretation und Umsetzung sowie die Ausdrucksmöglichkeiten der Werkstoffe aus der differenzierten Verarbeitung. Die drei Abbildungen unten zeigen die gleiche Arbeit in Kunststein, Beton und Metall.

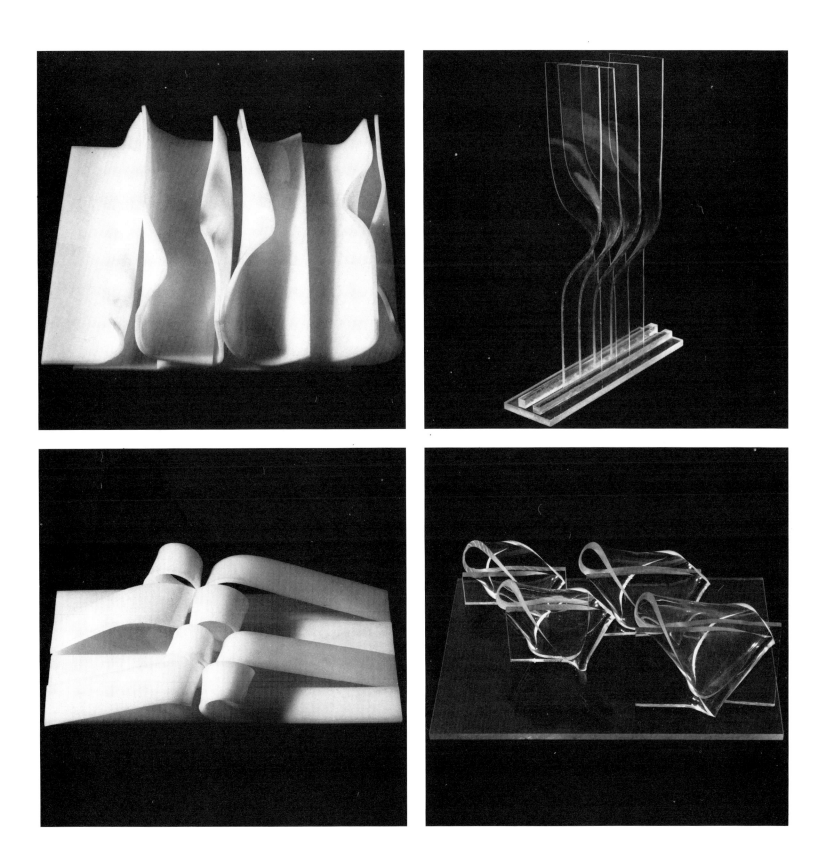

Vier Ergebnisse aus einer Übung, bei der opake oder transparente Elemente aus Acrylglas durch Erwärmen sowie gleichzeitig einwirkenden Zug-, Druck- oder Torsionsbewegungen verformt und zu rhythmisch einfachen Kompositionen geordnet wurden.

Die vier Abbildungen, Ergebnisse aus verschiedenen Übungen verdeutlichen die Wechselbeziehung zwischen elementarer, räumlicher Wirkung aus der werkstoffgerechten Arbeitstechnik und dem gestaltenden Ordnen der Volumen.
Oben links: Gipsabguss einer verformten Gummimatte.
Unten links: Durch Zersägen und Verschieben der Teile rhythmisierter Zylinder aus Gips.
Oben rechts: Betonguss einer in Tonerde modellierten, waagerecht/senkrecht gegliederten Komposition.
Unten rechts: Raumknoten aus geschmiedeten Eisenelementen.